Christel Frey

30 Minuten
für wirkungsvolle

Konfliktlösungen

Die Deutsche Bibliothek – CIP-Einheitsaufnahme

Frey, Christel:
30 Minuten für wirkungsvolle Konfliktlösungen / Christel Frey.
- Offenbach : GABAL, 2000
(30-Minuten-Reihe)
ISBN 3-89749-038-2

Lektorat: Susanne von Ahn, Frankfurt/Main
Umschlag und Layout:
Vitting & Wagner Kommunikation, Darmstadt
Satz: Jacobs Typographie & Design, Offenbach
Druck und Verarbeitung: Salzland Druck, Staßfurt

Hinweis:
Dieses Buch ist sorgfältig erarbeitet worden. Dennoch erfolgen alle Angaben ohne Gewähr. Weder Autorin noch Verlag können für eventuelle Nachteile oder Schäden, die aus den im Buch gemachten Hinweisen resultieren, eine Haftung übernehmen.

Printed in Germany

ISBN 3-89749-038-2

In 30 Minuten wissen Sie mehr!

Dieses Buch ist so konzipiert, dass Sie in kurzer Zeit prägnante und fundierte Informationen aufnehmen können. Mit Hilfe eines Leitsystems werden Sie durch das Buch geführt. Es erlaubt Ihnen, innerhalb Ihres persönlichen Zeitkontingents (von 10 bis 30 Minuten) das Wesentliche zu erfassen.

Kurze Lesezeit
In 30 Minuten können Sie das ganze Buch lesen. Wenn Sie weniger Zeit haben, lesen Sie gezielt nur die Stellen, die für Sie wichtige Informationen beinhalten.

- Alle wichtigen Informationen sind blau gedruckt.

- Schlüsselfragen mit Seitenverweisen zu Beginn eines jeden Kapitels erlauben eine schnelle Orientierung: Sie blättern direkt auf die Seite, die Ihre Wissenslücke schließt.

- *Zahlreiche Zusammenfassungen innerhalb der Kapitel erlauben das schnelle Querlesen. Sie sind blau gedruckt und zusätzlich durch ein Uhrsymbol gekennzeichnet, so dass sie leicht zu finden sind.*

- Ein Register erleichtert das Nachschlagen.

Inhalt

Vorwort

Ich kenne keinen Menschen, der ernsthaft Freude an Konflikten hat. Im Gegenteil, fast alle Menschen haben den Wunsch, harmonisch zu leben. Doch Konflikte gehören zu den unausweichlichen Dingen in unserem Leben. Sie bringen Stress, verbrauchen Energie, rauben Zeit, nagen am Selbstbewusstsein. Der Stressproduzent Konflikt ist außerdem gesundheitsschädlich und unwirtschaftlich.
Leider gelingt es vielen Menschen nicht, ihre Konflikte zu lösen. Ein möglicher Grund: Ihre Konfliktlösekompetenz steckt noch in den Kinderschuhen. In den meisten Fällen setzen Menschen wiederholt Verhaltensweisen ein, mit denen sie bereits mehrfach erfolglos waren. Außerdem sind sich viele Menschen nicht im Klaren, welche Verhaltensweisen zu Konflikten führen und welche sich eignen, um wieder aus ihnen herauszukommen. Mein Rat: Befassen Sie sich 10 Prozent Ihrer Zeit mit dem Ärger bei Konflikten, verwenden Sie 90 Prozent für eine erfolgreiche Lösung!

Investieren Sie in Ihr Können!
Nehmen Sie Abschied von Ihren gewohnten Verhaltensweisen, die Ihnen den Weg zu Konfliktlösungen versperren. Zugegeben – das fällt schwer. Es spricht für eine starke Persönlichkeit, wenn Sie sich ständig in Ihrem Verhalten verbessern.
Wenn Sie wollen, sind Sie schon auf dem Weg zum Können. Viele Menschen spüren sehr genau: So wie es ist, kann es nicht weitergehen. Diejenigen, die wissen, was

sie nicht wollen, haben bereits eine vage Vorstellung von der Konfliktlösung. Allein der Gedanke „Ich will!" versorgt Ihr Gehirn mit einer gesunden Portion Aktivitätshormonen. Diese lösen eine positive Kettenreaktion aus. Ihr Körper entspannt sich. Ihr Gehirn schaltet auf Konzentration. So sind Sie in der Lage zu lernen.

Sie brauchen das richtige Handwerkszeug

Eignen Sie sich erfolgreiche und erprobte Konfliktlöse-Handwerkszeuge an. Sie brauchen hierfür Wissen, Zeit, Energie, Selbstdisziplin, saubere Kommunikation, Einigungswillen und ein gesundes Selbstwertgefühl.

Gute Konfliktlöser

Gute Konfliktlöser gewinnen in dreifacher Hinsicht:

1. Sie haben mehr Freude und Erfolg in ihrem Leben.
2. Sie zählen zu den Gewinnern, haben mehr Freunde und Ansehen.
3. Sie haben einen gesunden Geist und Körper und dadurch Chancen, länger zu leben.

Dieses Buch gibt Ihnen Informationen, die Ihnen helfen, Ihre kleineren und größeren Konflikte erfolgreich zu lösen. Ich wünsche Ihnen dabei viel Erfolg und Freude!

Ihre Dr. Christel Frey

TEST: Wie reagieren Sie bei Konflikten?

In diesem Test geht darum, Ihre Verhaltensreaktionen, Ihren Reaktionstyp kennen zu lernen. Außerdem können Sie sich durch die Beschreibung der unterschiedlichen Typen einen Überblick über Verhaltensweisen verschaffen, die leicht zu Konflikten führen, und solche, die sich zum gekonnten Konfliktlösen eignen.
Mein Tipp: Bitten Sie nach Ihrer Selbsteinschätzung einen Ihnen wohlgesinnten Menschen um eine Fremdeinschätzung. Durch diesen Spiegel erkennen Sie besser Ihr tatsächliches Verhalten.

Erster Schritt
Lesen Sie die Aussagen durch und überlegen Sie, was auf Sie zutrifft. Wenn Sie sich nicht eindeutig entscheiden können, wählen Sie die Antwort, die etwas mehr Ihrem jetzigen Verhalten entspricht. Die unterschiedlichen Symbole sind erst bei der Auswertung wichtig.

Ich habe Angst, andere zu verletzen.	□
Meine Konflikte sind nicht einfach zu lösen.	○
Auf einen groben Klotz gehört ein grober Keil.	*
Wer mich einmal enttäuscht hat, mit dem will ich nichts mehr zu tun haben.	○
Für jeden Konflikt gibt es mindestens eine Lösung.	▽
Für mich sind Konflikte entnervend.	□
Wenn einer nicht will, ist nichts zu machen.	○

Für mich stellt meine Sicht nicht die absolute Wahrheit dar.	▽
Wenn einer nicht will, soll er es bleiben lassen.	*
Wenn's den Leuten nicht passt, dann sind sie selbst schuld.	*
Ich möchte, dass alle gut über mich denken.	□
Ich versuche, aus allen meinen Fehlern zu lernen.	▽
Wenn ich andere kritisiere, sage ich konkret, was mich geärgert hat.	▽
Was man über Konfliktlösungen liest, sind doch nur Psychosprüche.	○
Wenn ich etwas nicht verstehe, frage ich gezielt nach.	▽
Ich gehe schwierigen Situationen am liebsten aus dem Weg.	□
Bei mir weiß jeder, woran er ist.	*
Meine Gefühle gehen niemanden etwas an.	○
Nachgeben ist für mich ein Zeichen von Schwäche.	*
Wenn ich sage, was ich denke, bin ich angreifbar.	□
Wenn ich mich aufgeregt habe, versuche ich mich erst wieder abzuregen, bevor ich sage, was mich geärgert hat.	▽

Ich halte mich lieber zurück, bevor ich mich unbeliebt mache.	□
Meine Devise ist: „Erst mal abwarten."	○
Auf dieser Welt darf man nicht zimperlich sein.	*

Zweiter Schritt
Zählen Sie die unterschiedlichen Symbole und tragen Sie die Anzahl in der folgenden Tabelle ein.

Symbol	Anzahl	Konfliktreaktionstyp
□		„Sanftes Lämmchen"
○		„Skeptischer Erbsenzähler"
*		„Rollende Dampfwalze"
▽		„Jonglierender Konfliktlösekünstler"

Dritter Schritt
Ordnen Sie sich anhand der höchsten Punktzahl Ihrem Konfliktreaktionstyp zu. Lesen Sie die Beschreibung Ihres Typs durch und überlegen Sie, wie weit diese auf Sie zutrifft. Die Hauptlernziele geben Ihnen eine Orientierungshilfe für Ihre Zielsetzung. Wenn Sie sich dem Typ „jonglierender Konfliktlösekünstler" zugeordnet haben, beglückwünsche ich Sie.

Vierter Schritt
Setzen Sie sich kleine, überschaubare Ziele und arbeiten Sie Ihre Schwächen zu Stärken um.

□ ***Reaktionstyp „Sanftes Lämmchen“***
Unsicherheit dominiert Ihr Verhalten. Ihr Selbstwertgefühl gerät bei jedem Konflikt ins Wanken. Sie neigen dazu, sich zurückzuziehen. Sie stehen nicht zu Ihren Fehlern, sondern Sie werten sich selbst ab, machen sich klein. Sie haben eine Zu-viel-Störung im Vorsichtigsein, Liebsein, Nettsein. Wenn Sie sich wie ein sanftes Lämmchen verhalten, machen Sie Wölfen Lust auf eine leichte Beute. Was Sie möglicherweise nicht wissen, ist, dass der Angreifer in der Regel auch ein Selbstwertproblem hat. Jedoch ist seine Reaktionsweise ganz verschieden von Ihrer. Er greift an (mit Vorliebe Menschen Ihres Typs). Ein weiterer Zug Ihres Verhaltensmusters ist, dass Sie sich oft nicht trauen, deutlich Ihre Meinung zu sagen und eindeutig Position zu beziehen. Dies hat Unklarheiten zur Folge. Unklarheiten sind häufig die Ursache für Missverständnisse und damit für Konflikte.

Das sind Ihre Hauptlernziele:

- Stärken Sie Ihren Selbstwert. Machen Sie Ihre Selbstwertinventur, damit Sie einen besseren Überblick über Ihre Stärken bekommen (siehe Seite 52).
- Üben Sie für sich persönlich Ihre selbststärkende, Mut machende S-Sprache (siehe Seite 42).
- Lernen Sie, sich in einer klaren I-Sprache häufiger auf die Bühne der Welt zu stellen (siehe Seite 39).

○ ***Reaktionstyp: „Skeptischer Erbsenzähler“***
Ihr Typ zeichnet sich durch eine Mischung aus Zweifel, Sturheit und Arroganz, aber auch Resignation aus. Auch hier handelt es sich um eine Zu-viel-Störung. Sie möchten vieles zu genau wissen, zweifeln zu viel, sind

zu vorsichtig, bevor Sie etwas ausprobieren. Dadurch verharren Sie stur in Ihren alten Verhaltensmustern, nach dem Motto: „Lieber den Spatz in der Hand als die Taube auf dem Dach“. Vor lauter Skepsis und Pedanterie kommen Sie nicht zum Handeln. Dabei neigen Sie dazu, die anderen zu Buhmännern zu machen oder aber Sie beruhigen sich damit, dass es eben in der Natur der Sache liege, dass es so ist, wie es ist. Ihr Lieblingssatz ist: „Das ist so, da kann man nichts ändern.“ Beim genauen Hinsehen schwingt auch noch etwas anderes mit. Sie möchten etwas Besonderes sein, empfinden es als eine Art Beleidigung, wenn Sie mit Allgemeinrezepten Ihre Konflikte lösen sollen. Sie denken sich in vielen Dingen die Welt komplizierter, als sie ist.

Das sind Ihre Hauptlernziele:
- Lernen Sie zu differenzieren.
- Verbessern Sie Ihre A-Sprache (siehe Seite 40).
- Machen Sie sich klar, dass jeder Konflikt gelöst werden kann, wenn Sie mit anderen konstruktiv daran arbeiten.

✳ ***Reaktionstyp: „Rollende Dampfwalze“***

Dieser Typ lebt seine Zu-viel-Störung durch ein übertriebenes „Sich-in-den-Vordergrund-drängen“ aus und neigt dazu, andere zu übergehen. Es ist viel heißer Dampf, den Sie produzieren, und der kostet Sie enorme Kraft. Die Natur hat Ihnen zwar ein energievolles Handeln und ein schnelles Reagieren in die Wiege gelegt, jedoch ist damit nicht beabsichtigt, dass Sie andere Menschen niederwalzen sollen. Ihr Motto scheint zu sein: „Meine Unsicherheit darf keiner mitbekommen, deshalb fressen, bevor ich gefressen werde!“ Schade, denn gerade Menschen, die sich und anderen Schwächen zugestehen, sind stark. Ihr Bild vom Menschen ist einseitig. Es ist geprägt von Kampf, Macht, Krieg – von Gewinnen und Verlieren.

Das sind Ihre Hauptlernziele:

- Stärken Sie Ihren Selbstwert, vor allem in Richtung Ruhe und abwarten können.
- Lernen Sie, sich mit einfachen Mitteln schneller zu ent-ärgern (siehe Seite 70).
- Üben Sie vor allem die Balance zwischen I- und A-Sprache (siehe Seite 46).

▽ ***Reaktionstyp:***
„Jonglierender Konfliktlösekünstler“

Dieser Typ hält die Balance zwischen sich selbst und anderen. Damit kann sich keine Zu-viel-Störung ausbilden. Sie jonglieren sicher und gezielt mit Ihren Verhaltensbällen immer in Richtung Konfliktlösung. Dabei brauchen Sie sich selbst nicht aufzublähen und auch nicht Ihre Konfliktpartner kleinzumachen. Ihr Motto ist: „Konflikte sind zum Lösen da!“ Ihnen ist bewusst, dass es keine Menschen ohne Fehler gibt, deshalb akzeptieren Sie diese zunächst und kritisieren konstruktiv.

Das sind Ihre Hauptlernziele:

- Halten Sie sich stets weiter lernbereit.
- Stärken Sie weiter Ihre S-Sprache (siehe Seite 42).
- Verzaubern Sie mit Ihrer Selbst- und Fremdliebe Menschen, die noch nicht der sauberen Sprache mächtig sind (siehe Seite 38).

1. Wissen hilft, Konflikte zu lösen

Unsere Zeit ist geprägt von einer Wissensflut. Dies bedingt eine zunehmende Komplexität unserer Umwelt. Die Konsequenz ist, dass Probleme und Konflikte zunehmen. Wie sollen wir unsere Umwelt sauber halten? Wie bekommen wir die Arbeitslosigkeit in den Griff? Wie können wir die zunehmende Gewalttätigkeit reduzieren? Fragen über Fragen! Diese fordern Antworten, um Probleme und Konflikte lösen zu können.

In der Regel unterscheiden Menschen nicht bewusst zwischen „Problem“ und „Konflikt“. Die meisten werfen alles in einen Topf. Doch so einfach geht das nicht. Die beiden Begriffe unterscheiden sich erheblich, und dennoch haben sie Gemeinsamkeiten: Solange es Menschen gibt, gibt es auch Probleme und Konflikte. Die Herausforderung liegt bei beiden in der erfolgreichen Lösung.

1.1 Probleme: Schwierige Aufgaben, ungelöste Fragen

Ein Problem ist eine Aufgabe oder Sachfrage,
- die Sie im Moment nicht befriedigend lösen/klären können
- die Sie unbedingt lösen/klären müssen oder aus verschiedenen Gründen gern wollen
- zu deren Lösung/Klärung Sie zusätzliche Informationen benötigen.

Die Welt hat sich schon immer als eine Problemwelt dargestellt, und viele Menschen fühlen sich tagtäglich herausgefordert, die großen und kleinen Probleme der Menschheit zu lösen. Es versteht sich von selbst, dass es ganz unterschiedliche Probleme gibt. Zur Verdeutlichung: Wenn Sie nicht wissen, wie Sie eine Flasche öffnen können, dann haben Sie ein Alltagsproblem. Wenn der Staat kein Mittel gegen die hohe Arbeitslosigkeit findet, so ist das ein politisches und gleichzeitig ein gesellschaftliches Problem. Es liegt auf der Hand, dass das erste leichter zu lösen ist als das zweite.

Das brauchen Sie zur Lösung Ihrer Probleme
Sie müssen willens sein, Ihr Problem zu lösen, und Sie müssen neugierig sein, sich viele kreative Fragen zu stellen. Sie brauchen weiterhin Freude und eine positive Grundeinstellung zum Fehlermachen, denn die Lösung kleiner und großer Probleme liegt häufig im Experimentieren und damit im Lernen aus früheren Fehlern. Natürlich gehört zu den Problemlösungskompetenzen auch Wissen über die Materie.
Was gute Problemlöser auszeichnet, ist die Bereitschaft, von anderen zu lernen und kooperativ mit ihnen zusammenzuarbeiten. Vor allem im beruflichen Bereich müssen Menschen teamfähig sein, denn viele Probleme lösen sich gemeinsam besser, schneller und damit wirtschaftlicher.

Probleme sind schwierige sachliche Aufgaben oder Fragen, zu deren Lösung Sie zusätzliche Informationen brauchen. Um Probleme schneller, kreativer und effektiver zu lösen, müssen Sie mit sich und anderen im Einklang sein. Dann gelingt es besser, kreativ zu phantasieren, was Voraussetzung für alle Erneuerungen ist.

1.2 Konflikte: Streit zwischen Menschen

Bei Konflikten geht es um Streit zwischen Menschen, der aus unterschiedlichen Zielvorstellungen resultiert. Es geht dabei um das Zusammentreffen verschiedener Meinungen, die gegenseitig nicht akzeptiert werden. Jede der beiden Streitparteien will Recht haben, die Streithähne zeigen keinen Einigungswillen. Es geht dabei um Kampf, das heißt, es gelten die Spielregeln des Krieges. Die Waffen sind vergiftete Sprache, hinterlistige Handlungen, Verleumdungen, Erniedrigungen, Beleidigungen, Nichtbeachtung bis hin zu Mobbing.

Was Konflikte bewirken

Dass dabei Menschen psychisch und physisch krank werden, hält die Angreifer nicht von ihren Handlungen ab. Sie rechtfertigen sich damit, die besseren Argumente oder die besseren menschlichen Werte zu haben.
Zu einem Konflikt gehören grundsätzlich mindestens zwei Personen, wobei jeder Beteiligte einen Konfliktanteil hat. Manchmal streiten sich Menschen aber auch mit sich selbst. Je weniger Konflikte Sie haben, umso besser können Sie kreative, moderne, wirtschaftliche Lösungen für Probleme entwickeln und diese mit Freude und Kraft in die Tat umsetzen.

Das brauchen Sie zur Lösung Ihrer Konflikte

Akzeptieren Sie Ihre Stärken und Schwächen und die Ihrer Mitmenschen. Bringen Sie Kraft und Mut auf, Ihre Meinung und Ihre Wünsche darzustellen, und zeigen Sie ehrliches Interesse an anderen. Machen Sie sich klar, dass

Verhaltensänderung ein lebenslanger Prozess ist. Kommunizieren Sie sauber mit sich selbst und anderen. Eignen Sie sich Handwerkszeuge zum Ent-Ärgern (siehe Seite 70), zum Differenzieren und Einschätzen von Situationen sowie zum Stoppen Ihrer veralteten Gedanken an.

Übung

Vergleichen Sie die gerade genannten Fähigkeiten mit Ihrem Testergebnis (siehe Seite 10). Beantworten Sie folgende Fragen:

Was muss ich tun, um

- meine Stärken und Schwächen kennen zu lernen?
- diese zu akzeptieren?
- Kraft und Mut zu bekommen?
- Toleranz für eigene und fremde Fehler zu erhalten?
- mich für andere Menschen zu interessieren und diese zu würdigen – auch wenn ich mit ihnen Konflikte habe?

Welche Sprache benutze ich, um

- meine Argumente mitzuteilen?
- meine Gefühle auszusprechen?
- nachzufragen, wenn ich etwas nicht verstanden habe?
- mich selbst zu managen, mutig zu machen usw.?
- meine Wünsche mitzuteilen?
- Vereinbarungen zu treffen?

Welche Methode kenne ich, um

- die Welt nicht als Schwarzweißbild zu sehen?
- mich schnell zu ent-ärgern?
- meine Konflikte zu differenzieren?

Ein erfolgreicher Konfliktlöser hat für sich Antworten auf diese Fragen und damit einen gut gefüllten Handwerkskoffer (siehe Seite 59).

Ein Konflikt ist ein Streit zwischen Menschen. Ungelöste Konflikte fressen Energie, rauben Selbstwertgefühl und bringen neue Konflikte mit sich. Machen Sie sich Mut, den Teufelskreis zu durchbrechen. Denken Sie an den Schneeballeffekt – ein Flöckchen ist der Anfang. Füllen Sie Ihren Handwerkskoffer zum erfolgreichen Konfliktlösen. Eignen Sie sich taugliche Konfliktlöseinstrumente an.

1.3 Unterschiedliche Konfliktarten

Bei Konflikten geht es grundsätzlich darum, dass jemand mit dem, was ein anderer macht, nicht einverstanden ist, woraus häufig Ärgergefühle resultieren. Es geht auch meistens darum, dass einer das Verhalten eines anderen ändern möchte. Dennoch sind die Auslöser sehr unterschiedlich.
Es lassen sich zwei große Kategorien unterscheiden: Sachkonflikte und Wertkonflikte.

Sachkonflikte
Hier streiten sich Menschen um einen Sachverhalt, z. B. um Geld. Sie haben beispielsweise unterschiedliche Vorstellungen von Verteilungsmaßstäben. Meist praktizieren die Parteien egoistisches Verhalten, das heißt, die Streithähne suchen Nutzenvorteil jeweils auf Kosten des anderen.

Wertkonflikte

Wertkonflikte hingegen werden von egozentrischem Verhalten dominiert. Die Konfliktpartner gehen jeweils von ihrem Weltbild aus. Jeder will seine Werte – seien es gesellschaftliche, politische oder religiöse – als die wertvolleren durchsetzen und damit dem anderen klarmachen, dass dessen Werte weniger wert sind. Beide Konfliktparteien beharren auf der eigenen Position, sie sind kompromissunwillig, veränderungsfeindlich und dogmatisch in ihrer Denkrichtung. Wertkonflikte lassen sich viel schwieriger lösen als Sachkonflikte.

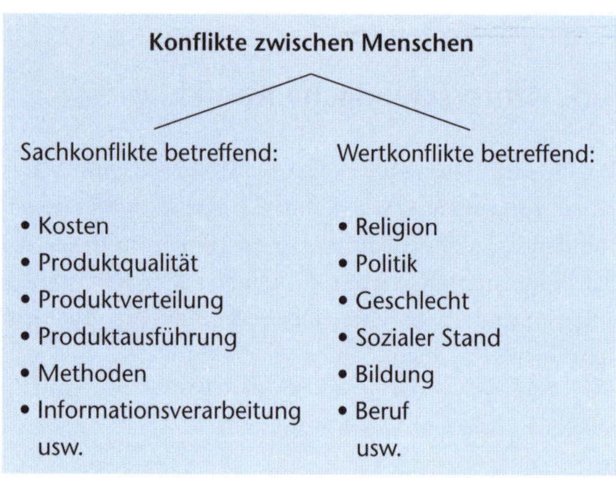

Das Eisbergmodell

Die Ursache von Wertkonflikten sind Konfliktauslöser, die für das Erleben des Angegriffenen eine tief greifende Wirkung haben. Menschen fühlen sich persönlich verletzt, fühlen sich in ihrem Selbstwert angegriffen (siehe Seite 49).

Häufig geben Menschen einen Wertkonflikt nicht offen zu, weil sie Angst haben, zu viel von sich preiszugeben, ihr Gesicht zu verlieren. Um keine Schwäche zu zeigen, maskieren sie sozusagen den Konflikt, indem sie ihn auf die Sachebene verschieben. Dieses Phänomen ist auch als „Eisbergmodell“ bekannt, weil der eigentliche, größere Konfliktgrund – wie bei einem Eisberg – unter Wasser liegt und damit unsichtbar ist. Solche maskierten Konflikte lassen sich nur mit viel Mühe lösen.

Übung

- Nehmen Sie sich Papier und Stift und schreiben Sie alle Situationen auf, bei denen Sie sich nicht ganz wohl fühlen. Gefühlsstörungen sind häufig erste Erkennungszeichen für Konflikte.
- Ordnen Sie jeder Konfliktsituation aus Ihrer individuellen Sicht den Auslösegrund zu. So haben Sie die Möglichkeit, die wahren Ursachen Ihrer derzeitigen Konflikte herauszufinden.
- In einem weiteren Schritt können Sie sich überlegen, ob Ihre Konfliktpartner dieselben Auslösegründe für die jeweiligen Konflikte nennen würden.

Es lassen sich zwei große Konfliktkategorien unterscheiden: Sach- und Wertkonflikte. Sachkonflikte drehen sich um Probleme, Wertkonflikte basieren auf der unterschiedlichen Weltsicht von Menschen. Häufig werden Wertkonflikte auf die Sachebene verschoben (Eisbergmodell). Dies erschwert die Lösung, weil der Konflikt maskiert ist.

1.4 Ziele: Der Beginn einer Veränderung

Häufig beginnt der Wunsch nach Veränderung mit einem diffusen Unzufriedenheitsgefühl. Um den Grund für Ihre Unzufriedenheit herauszufinden, sollten Sie dieses Gefühl unter die Lupe nehmen. Danach gelingt es Ihnen besser, Ihre Ziele für den Lösungsprozess zu definieren. Es gibt ganz unterschiedliche Ziele. Was sind beispielsweise Ihre Ziele beim Lesen dieses Buches? Möchten Sie sich nur einen Überblick verschaffen oder intensiv an sich arbeiten, um nicht mehr so leicht in Konflikte zu geraten oder gekonnter aus ihnen herauszukommen? Wenn Sie sich keine Ziele setzen, können Sie auch nicht ankommen.
Wer zum Ziel hat, ein „jonglierender Konfliktlösekünstler" (siehe Seite 13) zu werden, muss in seinen Verhaltensweisen umlernen, möglicherweise neue hinzulernen.

Lernen als Erwachsener
Grundsätzlich kann jeder Mensch bis ins hohe Alter um- beziehungsweise neu lernen, wenn er will. Aber gerade das Umlernen – und darum geht es bei veralteten und damit ineffektiven Denk- und Handlungsgewohnheiten – wird für erwachsene Menschen zur Schwerstarbeit. Die Erklärung liegt auf der Hand: Früh gelerntes Verhalten ist als Software in unserem Gehirn gespeichert. Je älter diese Software ist, umso schwieriger ist eine Umprogrammierung, denn das Programm läuft automatisch ab und verstärkt sich mit jedem Durchlauf. Erwarten Sie also keine Wunder bei der Umsetzung von Lernzielen.

Lernen vollzieht sich in vier Schritten:

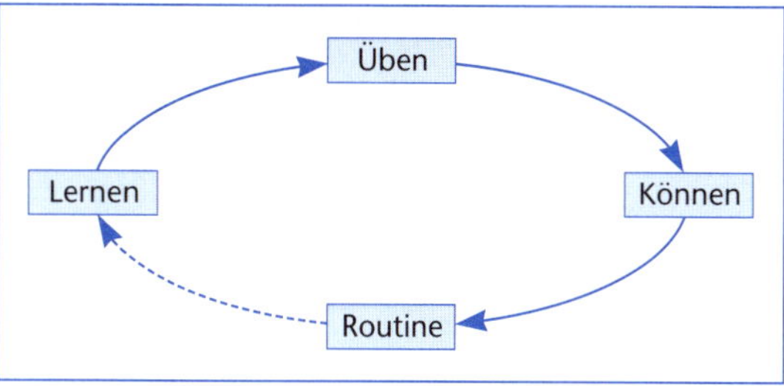

Die kreisförmige Anordnung verdeutlicht, dass Sie Ihr Routineverhalten immer wieder auf seine Tauglichkeit hin überprüfen müssen, dass es Ihrer ständigen Pflege bedarf, dass kontinuierliches Weiterlernen erforderlich ist, wenn es nicht veralten soll.

Vom Ist-Zustand zum Soll-Zustand

Das folgende Modell gibt Ihnen einen Überblick über die einzelnen Phasen, die Sie bei Ihrem Konfliktlöseprozess durchlaufen. Der Start wird dabei als Ist-Zustand bezeichnet; das, was Sie erreichen möchten, als Soll-Zustand. Der Abstand dazwischen ist Ihr Zielweg. Sie erhalten eine bessere Übersicht, wenn Sie Ihr großes Ziel in überschaubare Teilziele zerlegen. Damit haben Sie die Möglichkeit, schneller Lernerfolge zu verbuchen, und können sich auch schneller und häufiger freuen. Nicht der Weg ist das Ziel, sondern die Arbeit auf dem Zielweg. Haben Sie ein Teilziel oder Ihr eigentliches Ziel erreicht, sollten Sie Ihren Weg reflektieren. Wie verlief der Lösungsprozess? Nach einiger Zeit – auch hier kommt es entscheidend auf Ihren Übungseifer an – steht Ihr routiniertes Können.

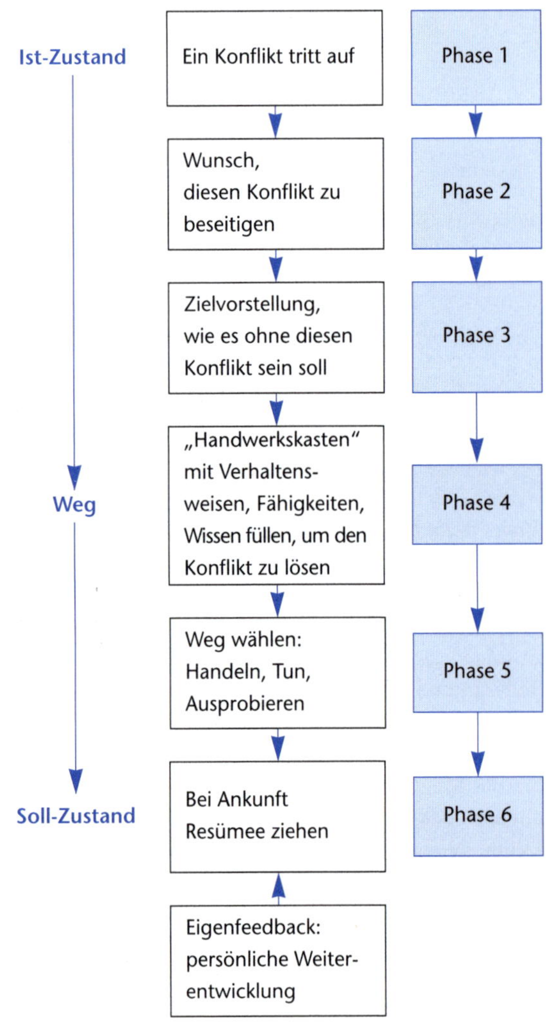
Ist-Zustand
Weg
Soll-Zustand
Ein Konflikt tritt auf
Wunsch, diesen Konflikt zu beseitigen
Zielvorstellung, wie es ohne diesen Konflikt sein soll
„Handwerkskasten" mit Verhaltens-weisen, Fähigkeiten, Wissen füllen, um den Konflikt zu lösen
Weg wählen: Handeln, Tun, Ausprobieren
Bei Ankunft Resümee ziehen
Eigenfeedback: persönliche Weiter-entwicklung
Phase 1
Phase 2
Phase 3
Phase 4
Phase 5
Phase 6

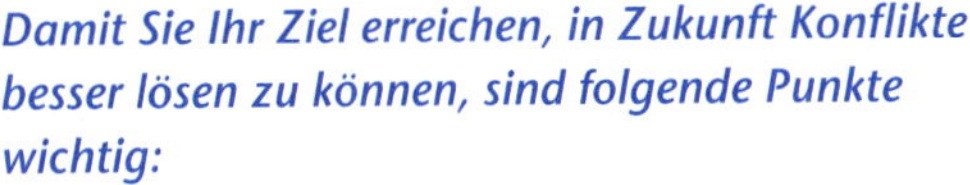

Damit Sie Ihr Ziel erreichen, in Zukunft Konflikte besser lösen zu können, sind folgende Punkte wichtig:

- *Unterscheiden Sie zwischen Problemen und Konflikten.*
- *Achten Sie darauf, dass Sie die wahren Auslöser Ihrer Konflikte nicht „unter Wasser drängen" (Eisbergmodell).*
- *Setzen Sie sich kleine, überschaubare Ziele.*
- *Machen Sie sich zum Erneuerer Ihrer Gedanken. Nehmen Sie Ihre Gedanken selbst in die Hand!*

2. Drei Schritte zum Lösen von Konflikten

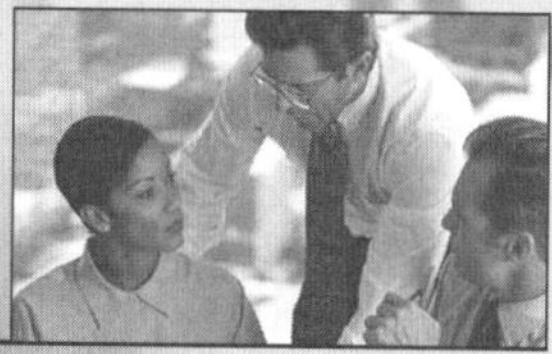

Zum wirkungsvollen Konfliktlösen gehören gute Rezepte. Besonders wichtig ist es, dass Sie Ihre Konflikte als lösbar betrachten. Sätze wie „da ist nichts zu ändern" halten Sie von Konfliktlösungen ab. Wer glaubt, etwas nicht erreichen zu können, wird es auch nicht erreichen.
In den folgenden Schritten durchleuchten Sie Ihren Konflikt röntgenologisch. Teilziele sind, Ihren Konfliktblick zu erweitern, Ihre Hypothesen zu überprüfen, neue Gesichtspunkte zu erhalten, sich einen Blick aus der Distanz zu erlauben, um so von Ihrem eventuellen Tunnelblick wegzukommen. Das Hauptziel ist, sich umfangreich auf ein Gespräch mit Ihrem Konfliktpartner vorzubereiten.

Machen Sie sich schrittweise an die Lösung:

1. Erkennen Sie Ihren Konflikt!
2. Verstehen Sie ihn!
3. Bereiten Sie das Lösungsgespräch vor!

1. Erkennen Sie Ihren Konflikt

Beim Lösen von Konflikten kommt es zunächst darauf an, die Situation genau und so neutral wie möglich kennen zu lernen. Sammeln und ordnen Sie Fakten, das gibt Ihnen Übersicht und Klarheit. Es beruhigt sicher auch Ihre angegriffenen Nerven.

Verschaffen Sie sich einen ungetrübten Blick

Wenn Sie mitten in Ihrem Konflikt stehen, eingenebelt sind, emotional gefangen, dann ist auch Ihr Blick trübe,

eingeengt, einseitig, verzerrt, und Sie sind nicht in der Lage, gut zu erkennen. Doch genau darauf kommt es beim ersten Schritt an!
Bemühen Sie sich um einen gesunden Abstand zum Geschehenen, um klare Gedanken fassen zu können. Manche Menschen gehen in hitzigen Situationen an den Wasserhahn und kühlen sich ihr Gesicht. „Ich muss wieder einen kühlen Kopf bekommen!“, sagen sie sich dabei. Das ist eine gute Hilfstechnik, denn mit einem kühlen Kopf können Sie realistischer denken.
Eine andere Technik ist, Ihren Konflikt wie ein Bild von außen zu betrachten. Erinnern Sie sich an Bildbeschreibungen in der Schule. Auch hier wurde von Ihnen erwartet, dass Sie zunächst eine neutrale Betrachterposition einnehmen.

Übung

- Nehmen Sie sich Ihre Konfliktliste (siehe Seite 21) vor. Entscheiden Sie, welchen Konflikt Sie lösen möchten. Fangen Sie nicht mit dem härtesten Brocken an! Beginnen Sie als Übung mit einem Konflikt, den Sie sich jetzt schon zu lösen zutrauen.
- Stellen Sie sich Ihren Konflikt als einen neutralen Gegenstand vor. Stellen Sie diesen Gegenstand symbolisch in die Mitte Ihres Raumes und laufen Sie gedanklich um ihn herum. Registrieren Sie, welche Gedanken und Gefühle aufkommen. Lassen Sie sich Zeit.
- Beantworten Sie sich jetzt die folgenden Fragen:
  - *Worum geht es in Ihrem Konflikt?* Beschreiben Sie Ihre Konfliktsituation in fünf Sätzen. Aufpassen: Bewerten Sie noch nicht! Das kommt später.

- *Wie heißt Ihr Konflikt?* Geben Sie Ihrem Konflikt einen Namen. Denken Sie daran: Wenn Sie einen Menschen mit Namen kennen, ist er Ihnen bekannter. In dem Namen werden alle Facetten der Konfliktsituation zusammengefasst.
- *Wer oder was ist an Ihrem Konflikt beteiligt?* Zählen Sie alle Personen und Fakten auf.
- *Wer hat welchen Anteil?* Machen Sie sich klar, dass an einem Konflikt jeder Beteiligte seinen Anteil hat. Auch ein „Mit-sich-Geschehen-Lassen" ist ein aktives Beteiligtsein. Teilen Sie jedem Konfliktpartner seinen Anteil zu. Denken Sie aber nicht in Schuldanteilen!
- *Wo hat sich der Konflikt ereignet?* Schauen Sie sich den Ort an. Die Situation in einem Vorgesetztenzimmer etwa ist ganz anders als in Ihrer häuslichen Umgebung.
- *Wie war Ihr Verhalten?* Wie haben Sie reagiert? Waren Sie ruhig, haben Sie in sich hineingeschluckt? Waren Sie eher zuhörend, abwartend oder aufbrausend? Haben Sie sich schnell verteidigt? War Ihre Stimme hell und piepsig oder hart und laut? Haben Sie erst zu Hause richtig geschimpft und sich gesagt: „Das hätte ich sagen müssen!"?
- *Wie war/ist das Verhalten der Beteiligten?* Welche Stärken/Schwächen haben diese gezeigt? Welche Ziele verfolgen sie? (Hier müssen Sie phantasieren, wenn Sie es nicht wissen.) Wissen Sie sonst noch etwas über die beteiligten Personen?

Stellen Sie sich Ihren Konflikt wie ein Puzzle vor. Jetzt haben Sie viele Teile gesammelt. Schauen Sie sich Ihr Konfliktbild genau an. Lassen Sie sich auch hierfür etwas Zeit.

Sammeln Sie in der Rolle eines neutralen Schlichters Fakten und Daten. Lernen Sie Ihren Konflikt genau kennen. Geben Sie auf gezielte Fragen sachbezogene Antworten. Je klarer Ihr Durchblick ist, umso leichter fallen Ihnen die nächsten Schritte. Dadurch erhöhen Sie Ihre Chancen, Ihren Konflikt erfolgreich zu lösen.

2. Verstehen Sie Ihren Konflikt

Dieser Schritt fällt vielen Menschen schwer. Denn häufig ist ja gerade durch „Nichtverstehen" der Konflikt entstanden. Viele Menschen sind überzeugt, dass sie im Recht sind – und damit der andere im Unrecht. Wenn jeder denkt, er sei im Recht, und an seinem Verhalten festhält, lassen sich keine Konflikte lösen. Ganz im Gegenteil: Konflikte spitzen sich zu! Dies ist für alle Beteiligten ein Verlust.
Verstehen heißt nicht akzeptieren. Verstehen heißt, sich alle möglichen Aspekte – auch die unter dem „Meeresspiegel" liegenden – bewusst zu machen, um dann bei der Gesprächsvorbereitung auf diese Erkenntnisse zurückgreifen zu können.

Stellen Sie sich Fragen

Hinterfragen Sie Ihren Konflikt durch Verstehensfragen. Und beantworten Sie ehrlich jede Frage! Diese Technik eignet sich besonders für Konflikte, bei denen Sie Ihr eigenes Verhalten oder auch das der Konfliktpartner nicht verstehen. Häufig verbergen sich Gefühle, Gedanken, alte Erinnerungsbilder usw. wie bei dem Eisbergmodell (siehe Seite 20) unter Wasser, das heißt, sie sind unserem bewussten Denken nicht zugänglich. Unbewusste Dinge sind für das erfolgreiche Konfliktlösen aber ungünstig, denn was Sie nicht verstehen, können Sie nicht bewusst steuern und lösen.

Tauchen Sie mit Weil-Fragen in Ihren Konflikt

Die folgende „Weil-Fragetechnik" ist mit einem Taucheinsatz zu vergleichen. Also, setzen Sie Ihre Taucherbrille auf, und los geht's! Um noch genauer herauszubekommen, warum Sie und Ihre Konfliktpartner so reagieren, wie Sie reagieren, setzen Sie einfach ein „weil" an jede Aussage und überlegen, welche Erklärung Ihnen einfällt. Stellen Sie sich dabei vor, dass Sie sich direkt in der Konfliktsituation befinden.

Beispiel

„Ich reagiere wütend, weil?" Ihre Antwort kann sein: „Weil ich mich missachtet fühle." „Mein Konfliktpartner schreit mich an, weil?" Ihre Antwort kann sein: „Weil er von meinem Verhalten enttäuscht ist."

Übung

Schauen Sie sich Ihre Antworten auf die Fragen im ersten Schritt noch einmal an. Nehmen Sie sich die Antworten, die Ihnen noch etwas unklar sind, heraus und gehen Sie diese mit der Weil-Fragetechnik noch einmal durch. Notieren Sie sich Ihre neuen Erkenntnisse.

Bilden Sie eine Assoziationskette

Mit dieser Erweiterung können Sie noch etwas „tiefer tauchen". Nehmen Sie jede Weil-Antwort als neuen Fragesatz. Führen Sie die Assoziationskette so lange weiter, bis Ihnen keine Antwort mehr einfällt oder sich Ihre Antworten wiederholen. An diesem Punkt kommt häufig das große Aha-Erlebnis!

Beispiel (Konflikt zwischen Chef und Sekretärin)
Sekretärin: „Ich bin wütend, weil mich mein Chef so schlecht behandelt.

- Mein Chef behandelt mich so schlecht, weil er mich nicht für wichtig hält.
- Er hält mich nicht für wichtig, weil er denkt, die ist doch nur eine kleine Tippse.
- Er denkt so über mich, weil ich ja auch nie den Mund aufmache.
- Ich mache nie den Mund auf, weil ich mich nicht traue, meine Meinung zu sagen.
- Ich traue mich nicht, meine Meinung zu sagen, weil ich Angst vor der Reaktion meines Chefs habe.
- Ich habe Angst vor der Reaktion meines Chefs, weil ich denke, mein Chef mag keine aufmüpfigen Mitarbeiterinnen.
- Ich denke, dass er so denkt, weil ich gelernt habe, dass ich Autoritäten zu achten habe.
- Ich habe das so gelernt, weil mir meine Eltern (die Gesellschaft) das so beigebracht haben."

Für die Sekretärin war dies ein wichtiger Punkt in ihrer Selbsterkenntnis, der ihr klarmachte, dass sie durch ihr unterwürfiges Verhalten einen Bremsklotz mit sich herumtrug, der ihr immer wieder neue Konfliktsituationen brachte. Es lag jetzt an ihr, sich neue Verhaltensweisen für den Umgang mit ihrem Chef anzueignen.

Übung

Nehmen Sie sich Ihre weiter vorn begonnenen Weil-Frage-Antworten nochmals vor und bilden Sie eine Assoziationskette für Ihren Konflikt. Hilfreich kann es dabei sein, wenn ein anderer die Fragen stellt.

Lernen Sie Spontaneität mit Hilfe Ihrer Finger

Spontan reagieren zu können und auf alles eine passende Antwort parat zu haben, das wünschen sich viele Menschen. Die „Fünf-Finger-Fragetechnik“ befähigt Sie, in Konfliktsituationen spontan zu antworten, auch wenn es mal ganz dick kommt. Das Ziel der folgenden Übung ist es, sich auf nahezu alle Reaktionsmöglichkeiten Ihres Gesprächspartners im Konfliktlösegespräch vorzubereiten, damit Sie nicht kalt erwischt werden. Als Eselsbrücke benutzen Sie hierbei Ihre fünf Finger.

Übung

Fragen Sie sich, warum Ihre Konfliktpartner sich so verhalten, wie sie sich Ihrer Meinung nach verhalten.

- Kleinfingerfrage: „Was ist die schönste Erklärung, die ich mir vorstellen kann?“
- Daumenfrage: „Was ist die schlimmste Erklärung, die ich mir vorstellen kann?“
- Die drei mittleren Finger fragen: „Welche drei Erklärungen sind am wahrscheinlichsten?“

Planen Sie für jede Möglichkeit Ihre Reaktion. Denken Sie daran, dass es günstiger ist, wenn Sie die Ergebnisse Ihrer Übungen schriftlich fixieren.

Leider und Gott sei Dank treffen der Daumen und der kleine Finger selten zu. Für Ihre Vorbereitung ist die Beantwortung aller Fragen aus zwei Gründen wichtig. Sie bereiten sich auf das Schlimmste vor und fallen nicht aus allen Wolken, wenn wirklich die für Sie schlimmste Reaktion eintritt. Sie können „vorbereitet spontan" reagieren. Und: Sie beleuchten auch mögliche schöne Motive. Wenn Sie daran glauben, gehen Sie motivierter in Ihr Gespräch.

Stellen Sie sich selbst gezielte Fragen. Ihre Antworten erleichtern Ihnen, Ihren Konflikt besser zu verstehen. Die Weil-Fragen und die Fünf-Finger-Fragen unterstützen Sie dabei. Haben Sie Mut, auch „unter die Wasseroberfläche zu tauchen". Wer seinen Konflikt versteht, kann die Lösung bewusst steuern.

3. Bereiten Sie sich auf das Konfliktgespräch vor

Jetzt sind Sie so weit, gezielt das Gespräch mit Ihrem Konfliktpartner vorzubereiten. Natürlich können Sie nicht hellsehen und exakt wissen, was der andere sagen wird. Darum geht es auch nicht. Wichtig ist zu wissen, was Sie sagen möchten, was Sie fragen möchten, wie Sie sich sicher halten, wie Sie nicht Salz in die Wunden Ihres Gesprächspartners streuen. Es geht auch darum, vorher zu entscheiden, welche Vereinbarungen Sie bereit sind zu treffen und welche nicht. Je größer Ihr Konflikt, je wichtiger die Aussöhnung, je schwieriger Ihr Konfliktpartner ist, desto wichtiger ist die Vorbereitung.

Entwickeln Sie einen roten Faden

- Was spreche ich aus?
- Was kläre ich ab?
- Womit halte ich mich sicher?
- Worauf achte ich bei meinem Partner?
- Welche Zielvereinbarungen bin ich bereit zu treffen?
- Welche Wünsche möchte ich äußern?

Beachten Sie bei Ihrer Gesprächsvorbereitung die folgenden Punkte:

- *Gehen Sie Schritt für Schritt vor. Erst erkennen, dann verstehen und danach das Gespräch vorbereiten!*
- *Lassen Sie sich Zeit.*
- *Benutzen Sie unterschiedliche Fragetechniken, um für Ihren Konflikt einen Rundumblick zu erhalten.*
- *Versetzen Sie sich „in den Kopf" und „in die Haut" Ihres Konfliktpartners.*
- *Halten Sie Ihre Gedanken schriftlich fest.*

3. Das Basisinstrument: Saubere Sprache

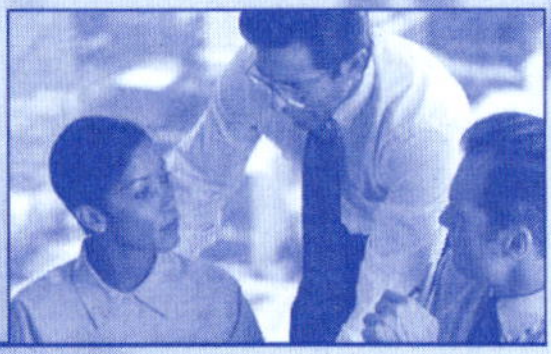

Die meisten Menschen antworten auf die Frage, was Sinn und Zweck unserer Sprache sei: „Sinn und Zweck der Sprache ist, dass Menschen sich gegenseitig verständigen, dass sie sich austauschen, sich wertschätzen, das heißt auch, mit Hilfe der Sprache Konflikte lösen." Da es viele ungelöste Konflikte auf dieser Welt gibt, stellt sich die Frage: „Reichen unsere derzeitigen Sprechgewohnheiten aus?" Meine Antwort ist ein klares Nein. Es gibt so viele Konflikte, weil unsere Sprechgewohnheiten zu unpräzise sind.

Konflikte durch unpräzises Sprechen

Viele Menschen sprechen undifferenziert, sie verallgemeinern. Wenn jemand z. B. sagt: „Sie verhalten sich immer so unfair", macht er zwei sprachliche Fehler: Zum einen zeigt selten ein Mensch immer dasselbe Verhalten, und zum anderen hat der Sprecher nicht erklärt, was er unter „unfair" versteht. Weitere Sprachfallen sind zynische Redewendungen, Suggestivfragen oder Killerphrasen, um mit Sprache Macht über Menschen auszuüben.

Wer Konflikte erfolgreich lösen will, muss ein sauberes Sprechinstrumentarium in seinem Handwerkskoffer haben und dies natürlich auch benutzen.

3.1 Sauberes Sprechen in drei Sprachen

Im klassischen Sinn werden Kommunikationspartner als Sender und Empfänger oder auch als Sprecher und Zuhörer bezeichnet. Auf den ersten Blick erweckt dies den Eindruck, dass Kommunikation statisch sei. Doch während der Unterhaltung wechseln diese beiden Rollen mehrmals hin und her. Kommunikation ist ein sehr dynamischer Prozess. Sie können dies daran erkennen, dass Menschen auch in der Rolle des Zuhörers ihrem Gesprächspartner mitteilen müssen, was sie verstanden haben, nachfragen, was sie nicht verstanden haben, und klären, wenn sie Missverständnisse vermuten. Trotzdem sind sie dann nicht in der Rolle des Sprechers im klassischen Sinn.

Kommunikationsqualität durch saubere Sprache

- Wir müssen uns auf das ausgesprochene Wort verlassen können.
- Es muss bei jeder individuellen Aussage deutlich sein, dass es sich nur um die individuelle Wahrheit handelt – und dass andere Menschen andere Wahrheiten haben.
- Wir müssen bei einer Fragestellung wirklich an der Antwort Interesse haben – und uns nicht nur bestätigen lassen wollen.
- Wir dürfen unsere Sprache nicht als Waffe einsetzen, sondern als Hilfsmittel, um teamorientiert zu den besten Lösungen für unsere Probleme zu kommen.
- Ein Gespräch ist nur dann ein Dialog, wenn die Kommunikationspartner zu etwa gleichen Teilen ihre Meinung mitteilen und Fragen stellen.

Drei Sprachen

Gerade bei Konfliktlösegesprächen brauchen Sie drei unterschiedliche Sprachen, die Sie in einer sauberen Sprachqualität beherrschen müssen. Wenn ich von drei

Sprachen spreche, meine ich nicht die Fähigkeit, Fremdsprachen zu sprechen, sondern unsere eigenen drei Sprachen.

- Mit Hilfe der ersten Sprachform bringen Sie immer Ihre individuelle Sichtweise zum Ausdruck. Sie wird deshalb I-Sprache genannt.
- Die zweite Sprachform vermittelt Ihr Interesse an anderen Menschen, z.B. Ihren Konfliktpartnern. Deshalb wird sie A-Sprache genannt.
- Die dritte Sprachform charakterisiert, wie Sie mit sich selbst sprechen. Deshalb wird sie S-Sprache genannt.

Um Konflikte besser lösen zu können, brauchen Sie eine klare, eindeutige, authentische Sprache – eine saubere Sprache in drei Formen: Mit der I-Sprache teilen Sie sich authentisch mit, mit der A-Sprache zeigen Sie Interesse an Ihrem Konfliktpartner und mit der S-Sprache managen Sie sich selbst.

Die I-Sprache

Die I-Sprache ist das Handwerkszeug, um sich der Welt zu zeigen.
Wenn Ihre Sätze mit

- „Ich finde“
- „Ich denke“
- „Ich bin der Meinung“
- „Aus meiner Sicht“
- „Für mich bedeutet das“
- „Ich fühle“
- „Für mich sieht das so und so aus“

oder ähnlich beginnen, ist das ein deutliches Erkennungszeichen Ihrer sauberen I-Sprache. Mit dieser Sprachform zeigen Sie Ihrem Gegenüber, dass Sie Ihre eigene Meinung, Ihre Wünsche, Ihre Gefühle und Ihre Absichten ausdrücken. Sie bekennen „Persönlichkeitsfarbe", stehen zu Ihrer Position. Sie geben zu erkennen, dass es Ihre persönliche Sichtweise ist, und wälzen nichts auf andere ab oder verwässern Ihre Aussagen durch ein undifferenziertes „man". Sie sprechen über sich selbst, und zwar klar, deutlich und unverblümt und dennoch würdigend und fair. Sie sind sich darüber im Klaren, dass es außer Ihrer Meinung noch andere Meinungen auf dieser Welt gibt und Ihre Ansicht nicht die absolut richtige ist. Die I-Sprachform ist eine sehr selbstsichere Ausdrucksweise. Sie wirkt wie ein sprachliches Passbild von Ihnen.

Die A-Sprache

Die A-Sprache ist das Handwerkszeug, um andere Menschen kennen zu lernen und dadurch auch ständig von anderen zu lernen.

Mit der A-Sprachform gelingt es Ihnen, Meinungen, Gedanken, Wünsche von anderen Menschen zu erfahren. Der große Vorteil dabei ist, dass Sie verlässliche und authentische Informationen bekommen, sozusagen Informationen aus erster Hand. Sie brauchen sich nicht mehr den Kopf zu zerbrechen: „Was denkt der bloß über mich?", Sie fragen einfach: „Was denken Sie über mich und können Sie mir Ihre Meinung klar mitteilen?". Auf die jeweilige Antwort müssen Sie reagieren lernen. Am sichersten ist es, wenn Sie immer in einer sauberen I-Sprachform antworten.

Angenommen, auf Ihre Frage erhalten Sie zur Antwort: „Ich denke, dass Sie faul sind!“, dann wird Sie das ärgern. Wenn Sie sich aber daran erinnern, dass dies die Meinung des Sprechers ist, dann können Sie darauf antworten: „Ich finde es schade, dass Sie so über mich denken. Ich bin anderer Meinung. Ich sage Ihnen gerne, was ich gearbeitet habe.“

Beispiele für die A-Sprache
Sie können Ihren Konfliktpartner fragen:

- „Was denken Sie darüber?“
- „Was kann ich tun, damit Sie bereit sind, mit mir ein Gespräch zu führen?“
- „Was hat Sie an meinem Verhalten geärgert?“
- „Können Sie mir vorschlagen, wie wir in Zukunft besser miteinander umgehen können?“

Stellen Sie sich auf Ihr Gegenüber ein
Durch solche Fragen beziehen Sie Ihren Konfliktpartner immer in das Gespräch mit ein. Dies ist wichtig, damit kein einseitiger Monolog entsteht, der sich als konfliktschürend erweisen kann. Die A-Sprache ist eine soziale Brücke zu anderen Menschen.
Hier einige Tipps:

- Fragen Sie nur nach Dingen, an denen Sie wirkliches Interesse haben.
- Wenn Sie eine Frage gestellt haben, warten Sie die Antwort Ihres Gesprächspartners ab.
- Wiederholen Sie Ihre Frage höflich und ruhig, wenn Ihr Gesprächspartner nicht reagiert.
- Fragen Sie so lange nach, bis alle Fragezeichen aus Ihrem Kopf verschwunden sind.

- Nehmen Sie die Antwort Ihres Gesprächspartners an! Sagen Sie nicht sofort: „Nein, aber ...“, „Das stimmt nicht ...“, sondern fragen Sie nach, warum Ihr Konfliktpartner so denkt.

Die A-Sprache wirkt außerdem als Kreativitätsentwickler. Wenn Sie Fragen stellen, erhalten Sie viele Antworten und vergrößern dadurch Ihr Wissen.

Die Ausgewogenheit zwischen Ihrer sauberen I- und A-Sprache macht Sie zu einem souverän handelnden Menschen und außerdem zu einem erfolgreichen Konfliktlöser. Denken Sie immer an die Kommunikations-Balance-Regel: Ich sage dir meine Meinung und ich bin an deiner Meinung interessiert.

Die S-Sprache

Die S-Sprache ist zu vergleichen mit einem liebevoll gütigen, aber auch liebevoll strengen Begleiter. Liebevoll, um zu stärken, zu loben, zu schützen, aufzufangen, wenn Sie die Welt mal wieder düster erleben. Liebevoll streng, wenn Sie es sich zu leicht machen, wenn Sie sich an Ihrer Weiterentwicklung hindern, wenn Sie mal wieder zu viel arbeiten und nicht entspannen, zu viel essen, zu viel Alkohol trinken, zu viel rauchen, wenn Sie wieder einmal die alten Rezepte einsetzen wollen, obwohl Sie damit keine Erfolge haben.

Die S-Sprache hat die Funktion, mit sich selbst positiv und konstruktiv zu sprechen. Die S-Sprache ist

- das Fundament Ihres Selbstwertschutzes
- die Steuerung für aktives Handeln
- die Zentrale Ihres Selbstmanagements.

Selbstmanagement durch S-Sprache
S-Sprache hat ihren Einsatz bei

- Ärger, um sich schnell zu ent-ärgern
- neuem Lernen, um sich Mut und Geduld zuzusprechen
- Minderwertigkeitsgefühlen, um sich selbstsicher zu machen
- Fehlern, um sich zu verzeihen und daraus zu lernen.

Beispiele

- Um Ruhe zu gewinnen, sagen Sie sich: „Stopp! Atme erst mal ruhig durch!"
- Ihren Selbstwert stärken Sie mit: „Du schaffst es!"
- Sie motivieren sich mit: „Tu es einfach!"

Ihre S-Sprache muss wie eine zweite Haut passen. Bei jedem Wort, das Sie zu sich sprechen, muss Ihre innere Stimme sagen: „Ja, das stimmt, so möchte ich das!"

Mit der S-Sprache geben Sie sich Sicherheit, beruhigen sich, ent-ärgern sich, verzeihen sich selbst und motivieren sich. Sie sollten dabei liebevoll, aber streng mit sich umgehen.

3.2 Schmutzige Sprache schürt Konflikte

Es ist erschreckend zu wissen, dass die meisten Konflikte aus Kommunikationsstörungen hervorgehen. Viele Kommunikationsstörungen werden durch vergiftete Sprache, das heißt schmutzige Sprache, verursacht.

Schmutzige Sprache manipuliert

Schmutzige Sprache wird – bewusst oder unbewusst – dazu eingesetzt, um Menschen zu beleidigen, zu verwirren, zu kränken oder unsicher zu machen, aber auch, um die eigene Unsicherheit zu verbergen. Die schmutzige Sprache dient vorrangig als Manipulationsinstrument. Es wird nicht offen dargelegt, was nicht gefällt oder was ärgert. Einige Menschen – und die sind gar nicht so selten – „hauen einem die Wörter und Sätze gerade so um die Ohren", so, als ob sie jemanden auspeitschen wollten. Es besteht der Verdacht, dass schmutzige Sprache häufig als Bestrafungsinstrument eingesetzt wird. Wenn physische Gewalt sozial nicht mehr erlaubt ist, dann „schlagen" wir uns einfach mit Worten! Die schmutzige Sprache als Zynismus kann sich auch aus ganz feinen, hochintelligenten Worten und Sätzen zusammensetzen, z. B.: „Das können Sie doch viel besser als ich, nicht wahr, mein Hochverehrtester?" Jeder, der diesen Satz hört, weiß ganz genau, dass der Inhalt nicht mit der Verpackung übereinstimmt.

Die sechs wichtigsten Merkmale schmutziger Sprache:

1. Sie ist gekennzeichnet von Rechthaberei: „Nein, ich! – Du nicht!"
2. Sie klagt an: „Du bist ...!" oder „Sie sind ...!"
3. Sie ist zynisch. Der Sprecher versucht, seine Meinung indirekt und verletzend mitzuteilen.
4. Sie arbeitet mit taktischen Manipulationsködern, z. B. mit falschem Lob.
5. Sie möchte bewirken, dass sich andere klein fühlen.
6. Sie gibt dem Anwender das Gefühl zu siegen, ganz groß und stark zu sein.

Formulierungen (Giftpfeile)	Ziele
„Sie sind schuld daran!“	• selbst keine Verantwortung übernehmen
„Sie denken immer nur an sich!“	• andere als Egoisten abstempeln • sich selbst als Unschuldslamm darstellen
„Sie werden schon sehen, wohin das führen wird!“	• andere sollen sich klein fühlen • sich selbst als Überlegener darstellen
„Das ist Ihnen wohl ganz gleichgültig!“	• andere als gefühllos abtun • sich selbst als sozial hoch kompetent darstellen

Beispiele für schmutzige Sprache

Schmutzige Sprache manipuliert. Sie arbeitet mit Drohungen und Zynismus. Sie maskiert ihre Aussagen, ist nicht offen. Sie ist rechthaberisch und verletzend.

3.3 Wichtige Tipps im Umgang mit Sprache

Die Sprache ist das Spiegelbild der menschlichen Persönlichkeit. Vermeiden Sie schmutzige Sprache und lernen Sie, sauber zu reagieren, wenn andere schmutzig sprechen (siehe Seite 65 f.).

Du-Botschaften als Konfliktzündstoff

Du- beziehungsweise Sie-Botschaften führen oft zu neuen Konflikten, da sie Schuldgefühle verursachen und verletzend wirken können. Sie haben die Fähigkeit, andere Menschen pauschal in ihrer gesamten Person anzugreifen. „Du bist schuld“, „Sie taugen nichts“, „Das sieht man Ihnen doch gleich an, Sie sind ein Versager“. Bitte sprechen Sie nicht in dieser Sprachform! Bei diesen Formulierungen wirkt Gift mit. Es entsteht der Eindruck, als ob Sie die absolute Wahrheit gepachtet hätten, es verbirgt sich Selbstherrlichkeit dahinter. Konflikte lösen Sie damit auf keinen Fall. Sie verschärfen Ihre alten und schaffen neue. Mit einer sauberen I-Sprache vermeiden Sie die gefährlichen Du-Botschaften und Sie-Botschaften.

I-Sprache contra Egozentrismus

Viele Menschen – besonders schüchterne – haben Angst davor, ihre I-Sprache klar und deutlich auszusprechen, weil sie sich damit für eine gewisse Zeit in den Mittelpunkt stellen. Sie befürchten dadurch, als Egoisten abgestempelt zu werden. Dies ist ein leider häufig erlerntes Muster in unserer Kultur. Die Aussprache von „Ich“ wird sehr schnell mit Egoismus verwechselt. Keine Angst: Wenn Sie über sich sprechen und dies in einer sauberen Sprachform deutlich zu erkennen geben, dann sind Sie kein Egoist, sondern ein Individualist, eine Persönlichkeit, die saubere I-Sprache spricht. Wichtig dabei ist, dass Sie immer die Balance zwischen I- und A-Sprache im Verlaufe eines Gesprächs herstellen.

Egoisten entlarven sich oft durch den Gebrauch der schmutzigen „Du-“ und „Man-Sprechweise“.

Wie Sie richtig mit sich selbst sprechen
Der Gebrauch der S-Sprache ist völlig normal. Alle Menschen sprechen nahezu pausenlos mit sich selbst. Sicher sind Ihnen auch folgende Sätze bekannt: „... und dann habe ich mir gesagt, das macht der nicht noch einmal mit dir!“ oder „... und dann habe ich mir gesagt, das nächste Mal sage ich ihm/ihr, was ich denke!“.
Hier zeigt sich ein positiver Ansatz des Selbstmanagements. Doch leider bleibt es meistens dabei. Die tatsächlichen Handlungen erfolgen nicht.

Es gibt noch andere Situationen, bei denen sich Menschen mit ihrer S-Sprache outen: Ihnen unterläuft ein Fehler. Sie reagieren darauf: „Oh Gott, bist du heute wieder blöd!“ Sie stehen vor einer neuen Aufgabe. Sie reagieren: „Hör auf, das schaffst du nicht!“ Mit solchen Sprachfallen untergraben Sie Ihr Selbstbewusstsein (siehe Seite 51).

- ***Unsere Sprache ist das wichtigste Mittel für unser kommunikatives Zusammenleben. Viele Konflikte entstehen auf der Grundlage von sprachlichen Unklarheiten und Missverständnissen.***
- ***Verbreitete Sprechfehler sind: undifferenzierte und verallgemeinernde Ausdrücke, zynische und sarkastische Formulierungen.***
- ***Die drei Sprachen I-, A- und S-Sprache, in einer klaren, sauberen Form gesprochen, führen zu einer Qualitätsverbesserung.***

4. Das gesunde Selbstwertgefühl

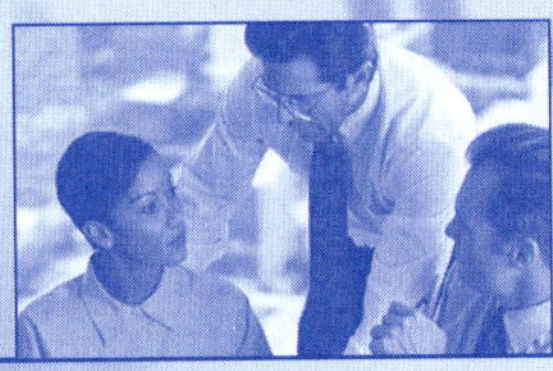

Das Fundament Ihrer Persönlichkeit muss ein gesunder, stabiler Selbstwert sein. Er ist das Herz Ihrer psychischen Gesundheit. Im Gegensatz zu Ihren wichtigen körperlichen Organen wie Herz, Leber, Nieren, Lunge ist Ihr Selbstwert weder röntgenologisch noch mittels Laborparameter nachweisbar – und das erschwert den Umgang mit ihm. Häufig erfahren Menschen erst durch eine Selbstwertstörung, wie wichtig ihre Selbstwertgesundheit ist. Dann nämlich, wenn es ihnen schlecht geht. Selbstwertgesunde Konfliktlöser schützen ihren eigenen Selbstwert vor Angriffen und greifen den Selbstwert ihrer Konfliktpartner nicht an. Ihnen geht es in erster Linie um faire, würdigende Einigungsprozesse.

4.1 Ihre sichere Selbstwertanlage

Wo immer menschliche Konflikte entstehen, spielt der Selbstwert eine entscheidende Rolle. Viele verbale Angriffe zielen unter die Gürtellinie, und es wird von den Konfliktparteien gerne ein „Ping-Pong-Spiel" gespielt, bei dem Sprech- und Handlungsbälle hin und her fliegen und jeder sich darauf vorbereitet, einen Schmetterball beim Gegner zu landen. Selbstwertverletzungen sind die Folge. Das Ausmaß der Störungen kann unterschiedlich sein, je nachdem, wie stark der Schlag war. Hier setzt die Konfliktmisere ein, denn ein angeschlagener Selbstwert wirkt wie Öl im Konfliktfeuer. Ihr Selbstwertgefühl hat einen direkten Einfluss auf Ihr Verhalten, das heißt darauf, wie klar und überlegt Sie denken und handeln, ob Sie Ihre Meinung äußern oder zurückhalten, Konflikte ansprechen oder verdrängen,

Fehler als ein schlimmes Vergehen ansehen oder tolerant sind und aus Fehlern lernen.

Die zwei Hauptgruppen der Selbstwertstörung

Die Selbstwertstörung lässt sich in zwei große Gruppen einteilen:

- Die Menschen der einen Gruppe fallen in sich zusammen und neigen bei Konflikten dazu, die Flucht zu ergreifen. Häufig reagiert dieser Typ auch mit „Es-mit-sich-geschehen-lassen“ und übertriebenem „Es-anderen-recht-machen“.
- Der zweite Typ plustert sich gerne auf, um Energie für einen Angriff zu bekommen.

Sicher erkennen Sie hier die zwei Typen „Sanftes Lämmchen“ und „Rollende Dampfwalze“ aus dem Test (siehe Seite 11 f.). Diese Störungen sind auch unter den Begriffen „Egoist“ und „Helfersyndromtyp“ oder „Selbstwertschwacher“ bekannt. Es ist charakteristisch, dass nur der Helfersyndromtyp als selbstwertschwach bezeichnet wird und fälschlicherweise der Egoist als selbstwertstark. Aber das stimmt nicht. Die beiden Verhaltensmuster sind vollkommen unterschiedlich, basieren aber beide auf einem Selbstwertmangel.

Auslöser für Selbstwertverlust

Alles was Menschen als Kränkung, Beleidigung, Ungerechtigkeit erleben und bewerten, schwächt ihren Selbstwert. Wenn jemand mit Ihnen in einer schmutzigen Sprache spricht, können Sie dies zurückweisen. Denken Sie immer daran, dass es die individuelle Meinung des Sprechers ist und nicht die absolute Wahrheit.

Die Situationen sind neutral, erst ihre Bewertung führt zur Kränkung. Häufig erleben Menschen auch Selbstwertunsicherheiten, wenn ihnen Schwächen bescheinigt oder unterstellt werden, wenn sie auf Fehler hingewiesen werden – berechtigt oder unberechtigt.
Obwohl es eine Binsenweisheit ist, dass jeder Mensch Stärken und Schwächen in seinem Verhalten hat, scheint der Umgang mit den eigenen Schwächen eine der größten menschlichen Schwächen zu sein. Wer seine Stärken und Schwächen genau kennt, kann auch berechtigte Kritik annehmen und bei unberechtigter sagen: „Ich bin anderer Meinung als Sie und will Ihnen das gerne beweisen." Damit bleibt Ihr Selbstwert stabil.

Die Selbstwert-Software in Ihrem Kopf
Sie können sich Ihren Selbstwert als eine Software und Ihr Gehirn als Hardware vorstellen. Sie sind dabei Ihr eigener Programmierer. Das bedeutet, das Programm muss von Ihnen selbst geschrieben und immer wieder aktualisiert werden. Damit sind Sie auch für den Inhalt Ihrer „Selbstwert-Software" verantwortlich.
Denken Sie an Ihre S-Sprache! Wenn Sie sich als dumm, blöde, als einen Versager bezeichnen, dürfen Sie sich nicht wundern, dass Sie sich schlecht fühlen. Schmutzige S-Sprache als Selbstbeschimpfung hat eine Selbstwertstörung zur Folge (siehe Seite 47).

Es gibt zwei Hauptformen der Selbstwertstörung: den Helfersyndromtyp und den Egoisten. Ersterer reagiert auf Konflikte mit Fluchtverhalten. Letzterer versucht, seine Selbstwertschwäche durch betont dominantes Verhalten zu verstecken.

Die Balance zwischen Ich und Anderen

Ihr Selbstwert ist dann ausbalanciert und somit kerngesund, wenn Sie mit sich und auch mit Ihren Mitmenschen ehrlich, authentisch, mutig, forschend und würdigend umgehen.

Ich	Andere
Sie besitzen den Mut, eine eigene Meinung zu haben, diese auszusprechen und auch dazu zu stehen.	Sie respektieren die Meinung anderer und diskutieren statt zu streiten.
Sie mögen und schätzen sich selbst.	Sie haben eine Grundachtung gegenüber Ihren Mitmenschen – auch Ihren „Feinden" gegenüber.
Sie loben sich jeden Tag und kritisieren sich ausschließlich konstruktiv und fördernd.	Sie erkennen die Leistungen anderer an und üben ausschließlich konstruktive Kritik.
Sie können auch verlieren und sehen Ihre Fehler als eine Chance an, ständig dazuzulernen.	Sie sprechen die Fehler anderer an, ver- und beurteilen aber nicht pauschal, sondern geben auch anderen die Chance, ständig neu zu lernen.

Balance-Grundmuster

Machen Sie Ihre Selbstwertinventur

Vielleicht stutzen Sie jetzt? Eine Selbstwertinventur – was kann das sein? Kaufleute verstehen unter Inventur

eine Tätigkeit, bei der sie ihre Waren wiegen, messen, zählen und schätzen, um danach einen exakten Überblick über ihren Warenbestand zu haben. Nach dem gleichen Muster läuft auch Ihre Selbstwertinventur ab.
Wenn Sie das Wort „Selbstwert" auseinander pflücken, erhalten Sie die zwei Teile „Selbst" und „Wert". Somit ist Selbstwert der Wert, den Sie sich als Mensch selbst zuordnen. Er setzt sich aus vielen einzelnen Bausteinen zusammen, wie z. B. aus

- Ihrem Wissen
- Ihrem praktischen Handeln
- Ihrer körperlichen Fitness
- Ihrem körperlichen Aussehen
- Ihren sozialen Kompetenzen (wie Sie mit anderen Menschen umgehen)
- Ihren kommunikativen Kompetenzen (wie Sie mit Menschen sprechen) und schließlich
- der Art und Weise, wie Sie mit sich selbst umgehen.

Wer seine Stärken und Schwächen kennt und dazu steht, kann saubere Kritik annehmen und auf schmutzige souverän reagieren (siehe Seite 65f.).

Übung

Machen Sie jetzt Ihre Selbstwertinventur:

- Nehmen Sie sich ein großes Blatt Papier.
- Gehen Sie die einzelnen Bausteine durch und schätzen Sie sich ein.
- Gehen Sie nicht nach dem „Alles-oder-nichts-Verfahren" vor, sondern bemühen Sie sich, Ihre Selbst-Werte in den einzelnen Bausteinen sehr differenziert zu erfassen.

Beispiele für Ihre Selbstwertinventur

- Was alles wissen Sie bereits heute?
- Was alles können Sie?
- Was gefällt Ihnen an Ihrem Körper?
- Welche Stärken haben Sie im Umgang mit sich und anderen Menschen?
- Wie kommunizieren Sie mit sich und Ihrer Umwelt?

Ihr Selbstwert ist ein zentrales Organ Ihrer psychischen Gesundheit. Er setzt sich zusammen aus Wissens-, Könnens- und Verhaltensbausteinen. Es ist Ihre Aufgabe, eigenverantwortlich für die Gesundheit Ihres Selbstwertes zu sorgen. Ihre Selbstwertinventur gibt Ihnen einen Überblick über Ihr Selbstwertvermögen. Sie bekommen eine Übersicht Ihrer Stärken und Schwächen. Ein gesunder Selbstwert bedeutet auch, andere zu achten und in ihrer Individualität zu würdigen und anzuerkennen.

4.2 Ihre Verhaltensvielfalt

Noch viel zu wenig Menschen glauben daran, dass sie selbst einen großen Einfluss auf sich und auch auf die Ereignisse in ihrer Umgebung haben. Sie wissen nicht, wie ihre vier menschlichen Verhaltensebenen (ihre Gedanken und Einstellungen, ihre Gefühle, ihr Körper und ihr Handeln) zusammenwirken. Häufig sprechen Menschen davon, ein „Bauch-“ oder ein „Kopftyp“ zu sein. Diese Unterscheidung ist so falsch, als wenn wir heute noch davon ausgingen, dass die Erde eine Scheibe sei.

Ihre vier Verhaltensebenen

Die menschliche Persönlichkeit gleicht einem Puzzlespiel. Denken, Fühlen, Körperempfindungen und letztlich Handeln ergänzen einander.

1. Die subjektiv-kognitive Verhaltensebene
   - Was denke ich?
   - An was werde ich erinnert?
   - Welche Bilder laufen durch meinen Kopf?
2. Die Gefühls- oder emotionale Verhaltensebene
   - Welche Gefühle nehme ich wahr?
3. Die Körper- oder physiologische Verhaltensebene
   - Was spüre ich an meinem Körper?
   - Welche Organe spüre ich?
4. Die aktionale Verhaltensebene
   - Was tue ich?
   - Wie bewege ich mich?
   - Wie reagiere ich?

Die vier Ebenen menschlichen Verhaltens

Gedanken und Gefühle bedingen sich

Die Erfahrung, dass uns ganz bestimmte Gedanken entweder ruhig, hoffnungsvoll, mutig, ärgerlich oder selbstunsicher machen, ist so alt wie die Menschheit. Schon vor 2000 Jahren lehrten die Stoiker, dass nicht die Ereignisse selbst die Menschen verunsichern, sondern ihre ganz persönliche Denk- und Handlungsweise im Umgang mit den jeweiligen Ereignissen. Heute gilt es als eine gesicherte Tatsache, dass unsere Gedanken direkt unsere Gefühle beeinflussen. Das bedeutet, dass es keine Gefühle ohne begleitende Gedanken gibt und keine Gedanken ohne begleitende Gefühle, und somit gibt es nicht den „Bauchtyp“, der nur fühlt, ohne zu denken, und den „Kopftyp“, der nur denkt, ohne zu fühlen.

Linke und rechte Gehirnhälfte

Wer Ärger fühlt, hat Ärgergedanken in seinem Kopf, wer Glück fühlt, hat Glücksgedanken in seinem Kopf. Wenn Sie nicht wissen, warum Sie so fühlen, wie Sie fühlen, machen Sie in Ihrem linken Gehirn „das Licht an“, suchen Sie nach den auslösenden Gedanken! Ihr linkes Gehirn ist Ihr Analytiker, der in der Lage ist, Ihnen genau Daten und Fakten zu Ihren Gefühlen zu benennen. Gefühle sind Gesamteindrücke. In ihnen steckt eine Vielzahl von Einzelheiten. Ihr rechtes Gehirn ist mit einem Computer zu vergleichen. Blitzschnell fügt es eine Vielzahl von Einzelfakten zu einer Ganzheit zusammen. Was herauskommt, sind Ihre Gefühle: Glück, Freude, Ärger, Neid, Mut oder Angst.

Der Körper zahlt die Rechnung

Adrenalin ist das bekannteste die Gefühle beeinflussende Hormon. Wenn Sie eine Situation als Gefahr bewerten, schüttet Ihr Körper automatisch Adrenalin aus. Sie fühlen Angst, und Ihr Körper hat die Arbeit. Ihr Pulsschlag geht in die Höhe, und Ihre Muskulatur spannt sich an bis zur Verhärtung. Adrenalin blockiert auch Ihre Gedanken und programmiert Ihr Verhalten auf Flucht oder Angriff. All dies ist für erfolgreiche Konfliktlösungen extrem ungünstig.

Übung

- Entwickeln Sie eine S-Sprachenliste mit zehn Sätzen für Situationen in Ihrem Alltag, in denen Sie z. B. Ruhe, Mut, Entspannung, Kraft möchten (siehe Seite 43). Lesen Sie sich die Sätze jeden Tag mindestens zehnmal vor – am besten ganz laut und überzeugend. Ihre Selbstwertsätze wirken wie Vitamintabletten!

- *Ihr Selbstwert ist das Fundament Ihrer psychischen Gesundheit.*
- *Lernen Sie Ihre Stärken und Schwächen kennen – machen Sie Ihre Selbstwertinventur!*
- *Als erfolgreicher Konfliktlöser ist es wichtig, dass Sie Ihr menschliches Verhaltenssystem gut kennen. Wenn die vier Puzzleteile Ihres Gesamtverhaltens (Denken, Fühlen, körperliche Regungen, Handeln) zusammenpassen und sich stimmig ineinander verzahnen, erleben Sie sich authentisch.*

5. Der gefüllte Konfliktlöse-Handwerkskoffer

In jedem Beruf erweist es sich als sehr nützlich, wenn Menschen ihr Handwerk verstehen und geeignetes Handwerkszeug besitzen. Was nutzt Ihnen ein Nagel, wenn Sie keinen Hammer haben, um ihn in die Wand zu schlagen. Je besser der Hammer zum Nagel passt, umso leichter fällt Ihnen die Arbeit. Beim Konfliktlösen ist es ähnlich. Allerdings lässt sich das Handwerkszeug nicht anfassen. Das Konfliktlösehandwerkszeug besteht aus Denken, Sprechen und Handeln. Üben Sie, Ihre Gedanken in die Hand zu nehmen.

5.1 Kritik: Chance zur Weiterentwicklung

Kritik gekonnt auszusprechen ist ein wichtiges Kommunikationswerkzeug beim Konfliktlösen. So wie bei jedem Kommunikationsprozess gehören auch zum Kritisieren zwei Parteien. Einer, der Kritik übt, und einer, der sie (hoffentlich) annimmt. Kritik wirkt sich für beide Teile als Chance zur Weiterentwicklung aus, wenn beide Partner sauber sprechen.

Eine qualitätvolle Kritiksprache sprechen

Wer seine Kritik in einer sauberen I-Sprache äußert, bringt unmissverständlich seine individuelle Meinung zum Ausdruck. Der Kritikempfänger hört aktiv zu (siehe Seite 67), nimmt an, fragt in der sauberen A-Sprache nach, klärt eventuelle Missverständnisse. Er teilt seine Meinung (ebenfalls in einer sauberen I-Sprache) mit. Die ausgesprochenen Worte haben „Zimmertemperatur“, das heißt, beide sprechen ent-ärgert.

Die Sichtweisen sind gegenseitig geklärt. Es werden verbindliche Vereinbarungen getroffen. Das kritisierte Verhalten wird in Zukunft unterlassen. Damit ist der Konflikt aus der Welt! Diese Beschreibung ist natürlich idealtypisch.

Übung

Schreiben Sie eine Kritik auf, die Sie jemandem mitteilen möchten. Bitte wählen Sie eine von Ihnen erlebte Situation. Vergleichen Sie anschließend Ihre Kritik mit den folgenden Regeln für saubere Kritiksprache.

Qualitätsregeln für saubere Kritiksprache

- Teilen Sie Ihre Kritik immer in einer sauberen I-Sprache mit, das heißt, teilen Sie Ihre individuelle Sicht mit.
- Machen Sie sich klar, dass Menschen Situationen unterschiedlich bewerten. Neben Ihrer Wahrheit gibt es noch andere Wahrheiten.
- Teilen Sie zuerst mit, um welche Situation es sich handelt.
- Kritisieren Sie ausschließlich beobachtbares und veränderbares Verhalten.
- Teilen Sie Ihr Gefühl mit, z. B. Ärger.
- Teilen Sie den Grund Ihrer Verärgerung mit.
- Teilen Sie auch mit, wie Sie sich das veränderte Verhalten vorstellen.

Ein Kritikbeispiel aus dem beruflichen Alltag

Eine Mitarbeiterin teilt ihrer Chefin die folgende Kritik mit:

- „In den letzten Wochen kam es wiederholt vor, dass Sie Teamsitzungen (mit der Begründung: keine Zeit) verschoben haben.
- Mich hat daran geärgert, dass Sie die Verschiebung erst kurz vorher mitgeteilt und auch ohne Abstimmung mit dem gesamten Team vorgenommen haben.
- Ich empfinde es als unbefriedigend, wenn ich meine Zeit einplane und dann kurzfristig umplanen muss. Außerdem ärgert mich, dass Sie sich nicht an die Vereinbarung halten, dass das Team für die Teamsitzungen verantwortlich ist.
- Bei mir hinterlässt Ihre Entscheidung den Eindruck, die Teamsitzungen seien für Sie nicht wichtig.
- Ich wünsche mir, dass Sie das Team in Ihre Entscheidung mit einbeziehen. Wenn eine Verschiebung aus Ihrer Sicht notwendig wird, wünsche ich, dass Sie dies rechtzeitig (mindestens einen Tag vorher) mit Angabe des Grundes und einem neuen Terminvorschlag mitteilen."

Die Kritikmitteilung hatte Erfolg. Die Chefin konnte diese saubere Kritik annehmen. Sie hat daraufhin ihre Sichtweise dargestellt und war froh, die Kritik zu erfahren, da ihr die Empfindlichkeit der Teammitglieder in diesem Punkt nicht bewusst war.

Ein Gegenbeispiel

Ein Teammitglied äußert folgende Kritik: „Ich kritisiere, dass in diesem Haus kein Kundenauftrag abgelehnt wird, sofern er in unser Fachgebiet passt. Dadurch fühle ich mich der Willkür der derzeitigen Auftragslage ausgeliefert!"

Erkennen Sie, was an dieser Kritik falsch ist?
Die Sprache wirkt unpersönlich. Eigentlich wollte die kritisierende Person sagen: „Ich fühle mich übergangen. Ich möchte bei der Auftragsannahme mitbestimmen!" Stattdessen wird eine Wahrheit ausgesprochen, die nicht überprüft wurde. Der Kritikempfänger wird nicht klar benannt. Das Gefühl wird nicht mitgeteilt. Es wird auch kein Veränderungswunsch genannt.
Der Vorgesetzte reagierte verärgert. Der kritisierenden Mitarbeiterin war nicht bewusst, dass sie ihre Kritik ungünstig mitgeteilt hat. Schade, denn damit vergibt sie sich die Chance, dass ihre Wahrnehmung beachtet wird.

Konfliktschürende Verhaltensweisen
Eine Kritik, die persönlich verletzt („Sie sind wohl verrückt!"), drängt den „Lämmchentyp" (siehe Seite 11) zur Flucht und reizt die „Rollende Dampfwalze" (siehe Seite 12) zum aggressiven Widerspruch. Der Konfliktpartner kann Kritik nur annehmen, wenn für ihn erkennbar ist, dass nicht er selbst, sondern sein Verhalten in einer konkreten Situation beanstandet wird. Auf den Folgeseiten finden Sie eine Übersicht konfliktschürender Verhaltensweisen. Überlegen Sie, was auf Sie zutrifft, und versuchen Sie, an sich zu arbeiten.

Teilen Sie Kritik immer in einer sauberen I-Sprache mit, indem Sie deutlich machen, dass Sie aus Ihrer Sicht sprechen. Benennen Sie konkrete Missstände und verallgemeinern Sie nicht. Äußern Sie Ihre Gefühle, z. B. Ihren Ärger, und begründen Sie diese. Teilen Sie klar mit, welche Veränderungen Sie sich wünschen.

Konfliktschürendes Verhalten	Ihr Fehler	Ihr Lernziel
Sie verallgemeinern. („Sie machen alles falsch!“; „Sie machen das immer so.“)	Sie sprechen in einer „Alles-oder-nichts-Sprache“.	Üben Sie zu differenzieren. Kritisieren Sie nur beobachtbares Verhalten. Vermeiden Sie Wörter wie: immer, alle, nie.
Sie lösen Ihr „Fehlerrabattmarkenbuch“ ein. („Und vor vier Wochen haben Sie auch schon ...“; „... und da ist noch ...“)	Zu viele Kritikpunkte auf einmal, die zu weit in der Vergangenheit liegen.	Sprechen Sie immer nur einen Kritikpunkt an. Sagen Sie in einer sauberen I-Sprache, was Sie stört.
Sie werten ab. („Sie sind faul.“; „Sie sind ein Drückeberger.“)	Schmutzige I-Sprache. Sie machen den ganzen Menschen schlecht, kritisieren nicht seinen konkreten Fehler. Ihre Sprache ist autoritär.	Saubere I-Sprache. Saubere A-Sprache. Kritisieren Sie den konkreten Fehler.

Konfliktschürendes Verhalten	Ihr Fehler	Ihr Lernziel
Sie reagieren verärgert. (Ihre Stimme ist laut, Sie schreien, gestikulieren ...)	Sie sprechen, ohne sich selbst in „Zimmertemperatur“ gebracht zu haben.	Bringen Sie sich mit einer Ent-ärger-S-Sprache auf „Zimmertemperatur“.
Sie reden egozentrisch. („Wenn ich nicht wäre, würde alles schief laufen ...“)	Ihre I-Sprache dominiert Ihre A-Sprache. Sie blähen sich auf.	Halten Sie die Balance zwischen sauberer I-und A-Sprache.
Sie geben sich autoritär. („Das passt mir nicht. Sie müssen sich ändern, wenn ich das will!“)	Schmutzige I-Sprache; „Lieber-Gott-Verhalten“. („Ich und der liebe Gott wissen und können alles. Widerrede zwecklos.“)	Erfragen Sie auch die Sichtweise Ihres Konfliktpartners in einer sauberen A-Sprache, teilen Sie den Grund Ihrer Kritik mit (I-Sprache).
Sie drohen undifferenziert mit Macht. („Wenn Sie das noch einmal machen, dann wird was passieren!“)	Schmutzige I-Sprache. Der Angesprochene weiß nicht, worauf er sich einstellen muss.	Ent-ärgern Sie sich. Teilen Sie die Konsequenzen klar und deutlich in sauberer I-und A-Sprache mit. Loben Sie mehr.

Den Wind aus schmutzigen Sprachsegeln nehmen

Auch wenn Sie saubere Kritik aussprechen, sich entärgern, sich gut vorbereiten und lösungsbereit sind – leider können Sie nicht davon ausgehen, dass sich andere Menschen genauso verhalten. Viele Menschen beherrschen die schmutzige Sprache wesentlich besser als die saubere. Sie müssen sich auf schmutzige Sprache einstellen.

Nicht übersetzen, sondern hören

Kritik wird häufig verpackt ausgesprochen, z. B.: „Wie Sie zu dieser Position kommen, möchte ich gern wissen!" Auf den ersten Blick eine saubere Aussage. Dennoch ist spürbar, dass die Verpackung einen anderen Inhalt enthält. Das ist beabsichtigt, denn viele Menschen sind viel zu feige und unsicher, ihre Kritik offen, differenziert und lösungsorientiert zu äußern. Wahrscheinlich lautet der versteckte Inhalt: „Ich halte Sie für nicht geeignet!" Der Erfolg dieser Methode besteht darin, dass der Empfänger durch die Verpackung hindurchschaut und auf den Inhalt verärgert reagiert. Sie übersetzen für den Schmutzigsprecher: „Ich halte Sie für nicht geeignet!" Der andere kann sich dumm stellen und sagen: „Was Sie hören, habe ich nie gesagt!" Hören Sie nur das, was gesagt wird. Überhören Sie den schmutzigen Inhalt. Suchen Sie sich aus der folgenden Übersicht zwei oder drei Techniken heraus, die Sie für geeignet halten, und lernen Sie diese auswendig.

Nehmen Sie den Schmutzigsprechern den Wind aus den Segeln, indem Sie nicht aus der Verpackung selbst den Inhalt übersetzen. Hören Sie nur das Gesagte.

Schmutzige Kritiksprache	**Reaktionsform**	**Reaktion in sauberer Sprache**
„Wenn ich Sie wäre, würde ich mein Gehirn benutzen!"	Grenzen setzen und neue Verhaltensregeln aufzeigen.	„Ich finde Ihre Sprache verletzend und bitte Sie, anders mit mir zu sprechen."
„Sie machen doch nur Blödsinn!"	Übergehen.	„Wie kann ich Sie zufrieden stellen?"
„Das ist doch nur Schwachsinn!"	Annehmen und konkretisieren.	„Wie möchten Sie das, was Sie Schwachsinn nennen, geändert haben?"
„Oh, sind Sie aber empfindlich!"	Beglückwünschen, loben.	„Schön, dass Sie so sensibel wahrnehmen. Ich reagiere in der Tat empfindlich und bitte Sie, anders zu sprechen."
„Sie sind ja total verrückt!"	Sicher machen.	„Ich glaube, Sie haben sich geärgert, stimmt das?"

5.2 Aktives Zuhören, richtiges Verstehen

Das aktive Zuhören ist ein weiteres wichtiges Handwerkszeug. Etwa 80 Prozent aller Konflikte entstehen durch sprachliche Missverständnisse, obwohl sich so viele Menschen als gute Zuhörer einschätzen. Zuhören und aktiv zuhören sind zwei verschiedene Dinge.

Zuhören und aktiv zuhören

Die klassische Zuhör-Definition begrenzt sich auf das mehr oder weniger stumme Zuhören im Einwegkanal. Einer redet, und der andere hört zu. Es geht viel rein in die Ohren, aber wenig raus aus dem Mund.

Beim aktiven Zuhören liegt der Schwerpunkt darauf, aktiv am Kommunikationsprozess beteiligt zu sein. Das aktive Zuhören setzt sich aus folgenden Teilprozessen zusammen:

- Positive Zuwendung: Der Zuhörer hat ein ehrliches Interesse, sein Gegenüber wirklich zu verstehen.
- Sich in den Kopf des anderen hineinversetzen: Zum Verstehen müssen Sie sich in die „Denke" des anderen hineindenken. Ihre eigenen Einstellungen und Meinungen zu den besprochenen Dingen sind erst im nächsten Punkt wichtig.
- Abgleich mit dem Gehörten und subjektiv Interpretierten: Sie müssen klären, erweitern und sich immer wieder sicher machen. In dieser Phase werden Sie zum Sprecher. Wenn Sie etwas nicht verstanden haben, fragen Sie nach! (I-Sprache: „Ich verstehe das Wort nicht, erklären Sie mir das bitte!" oder A-Sprache: „Was verstehen Sie unter dem Begriff?")

Übung

Überprüfen Sie anhand der aufgeführten Fehler, welche Schwächen Sie noch als Aktiv-Zuhörer haben. Üben Sie geduldig, diese zu beheben. Lassen Sie sich dabei von einem Ihnen vertrauten Menschen helfen, indem Sie sich gegenseitig Feedback geben

Fehler beim Zuhören
Sie hören oft nicht richtig hin, sind in Gedanken nicht bei Ihrem Kommunikationspartner, sondern irgendwo anders, sind gelangweilt, tun aber so, als ob Sie zuhören.

Fehler beim Verstehen
Sie bleiben in Ihrer Gedankenwelt und wollen damit den anderen verstehen. Sie vergleichen sofort mit Ihrer Software und intervenieren. Sie versetzen sich nicht in den Kopf des anderen. Sie interpretieren Ihre Sicht in das Gesagte hinein. Sie fragen nicht nach.

Fehler beim Nachfragen
Sie fragen viel zu wenig nach. Wenn Sie nachfragen, sind oft schon wieder Spitzen in Ihren Bemerkungen. Sie verwenden Suggestivfragen, mit denen Sie Ihre eigene Meinung bestätigt haben möchten.

Aktives Zuhören sichert das Verstehen und verhindert damit Missverständnisse. Aktives Zuhören heißt genau hinhören, das besagte aufnehmen, sich in die Sicht des anderen hineinversetzen, überprüfen, nachfragen, klären.

5.3 Das soziale Metermaß

Wie Ihr Konflikt heißt, was genau in ihm steckt, was Sie brauchen, um ihn zu einer erfolgreichen Lösung zu bringen, dies alles haben Sie schon erfahren. Doch spielt das Gewicht Ihres Konfliktes auch eine Rolle.

Messen Sie Ihre Konflikte und Ihre Gefühle
Jede Bewertung ist eine individuelle Festlegung. Die Frage ist: Mit welchem Maßstab bewerte ich Verhalten? Trennen Sie sich von der „Entweder-oder-Methode“. Diese Ja-Nein-Methode ist kein Messsystem, sie kategorisiert, teilt die Welt in „vorhanden oder nicht vorhanden“. Legen Sie sich ein neues Metermaß zu: das soziale Metermaß (SMM). Damit können Sie das, was Sie tun, was Sie denken, was Sie fühlen, differenziert messen. Die Einteilung geht von 1 bis 10. Dabei bedeutet 1 immer „ganz wenig“ und 10 immer „extrem viel“ von der Eigenschaft oder von dem Verhalten, das Sie messen möchten (z. B. „Ich habe ein 8-Problem“, „Ich habe mich 3 geärgert“). Dadurch vermeiden Sie Aussagen wie „Ich bin tödlich beleidigt“.

Das soziale Metermaß ist ein Maß

- zum Messen von eigenen Gefühlen, Einstellungen, Ausprägungen eigener Fähigkeiten
- zum Messen der Gefühle, Einstellungen, Ausprägungen der Fähigkeiten anderer Menschen
- zum Beobachten
- zum Stoppen
- zum Antreiben
- zum Differenzieren.

Übung

Sie haben auf Seite 21 Ihre Konflikte zusammengetragen. Nehmen Sie sich diese Liste vor und ordnen Sie mit Hilfe des SMM die Konfliktstärken zu. Die Einschätzung mit dem SMM ist immer subjektiv! Bereiten Sie sich auf Konflikte ab 6 sehr ausführlich vor. Nehmen Sie sich für das Konfliktlösegespräch Zeit. Konflikte zwischen 1 und 3 sind meist schon durch eine saubere Kritik aus der Welt zu schaffen. Zwischen 4 und 5 lohnt sich eine gute Vorbereitung auf jeden Fall. Die Wahrscheinlichkeit, diese zu lösen, ist hoch.
Beachten Sie: Wenn Ihre Konfliktstärke in der Mehrzahl über 6 liegt, dann neigen Sie zur Übertreibung. Die vielen alltäglichen Konflikte sollten nicht über Konfliktstärke 4 eingeordnet sein.

Mit dem SMM können Sie Ihre Gefühle und Einstellungen messen und gewichten. Sie erhalten so ein differenzierteres Bild Ihrer Konflikte und hängen nicht jeden Alltagskonflikt unnötig hoch. Auch Ihre Sprache wird präziser.

5.4 Die Ent-ärger-Kompetenz

Wenn Sie sich nicht ent-ärgern können, fällt Ihnen das Lösen von Konflikten sehr schwer. Lernen Sie deshalb, sich schnell zu ent-ärgern!
Ärger zählt zu den negativen Gefühlen. Die Fähigkeit, sich zu ärgern, ist angeboren. Jedoch die Ärgergründe sind erlernt. Und jeder lernt andere Dinge. So ist es auch zu verstehen, dass sich Menschen über ganz unter-

schiedliche Dinge ärgern. Manche bleiben dabei kontrolliert, andere platzen fast vor lauter Ärger, manche ärgern sich nur sehr selten, andere sitzen bei jeder Kleinigkeit auf der Ärgerpalme. Über dieselbe Situation ärgern sich einige sehr, andere gar nicht. Die Situation selbst ist neutral im Hinblick auf Ärger. Sie muss nicht zwangsläufig zu Ärger führen. Sie haben die Wahl: sich zu ärgern oder auch nicht. Wählen Sie die letzte Variante!

Ärger, die Alarmanlage für Gefahr

Ein Konflikt und Ärger gehören zusammen wie Ebbe und Flut. Das eine ist ohne das andere nicht denkbar. Ärger signalisiert Ihnen, dass etwas nicht in Ordnung ist. Jemand kritisiert Sie, teilt Ihnen etwas Unangenehmes mit, jemand spricht eine Sprache, die Ihnen nicht gefällt, Sie fühlen sich übergangen, nicht geachtet, ungerecht behandelt und vieles mehr. Ihr Gehirn vergleicht – schneller als mit Lichtgeschwindigkeit – das Geschehene mit Ihrem Wertesystem (siehe Seite 20). Ein Abweichen wird als Gefahr bewertet, Adrenalin wird ausgeschüttet, Sie ärgern sich. Diese erste Reaktion ist wichtig für eine schnelle Überprüfung. Wenn Sie die Gefahrenmeldung erkannt haben, können Sie die Alarmanlage ausschalten.

Zu viel Ärger ist ungesund

Ärger schadet Ihrer Gesundheit, Adrenalin löst eine Kettenreaktion in Ihrem Körper aus. Ihr Herz schlägt schneller, Ihre Muskulatur verkrampft, Ihr Abwehrsystem wird überfordert, und außerdem blockiert Ihr Gehirn. Sie haben dann ein „Brett vor dem Kopf".

Der Gedankenstopp

Es gibt Denkweisen (S-Sprache), die in bestimmten Situationen ein ausgesprochen schlechtes Mittel sind, um die eigenen Ziele zu erreichen. Sie verhindern auch erfolgreiche Konfliktlösungen. Ein Beispiel ist der Gedanke: „Mit XY zu reden, das hat sowieso keinen Zweck!“. Oft kommen Menschen von solchen negativen Gedanken nicht los, ärgern sich unnötig, fühlen sich dabei schlecht und haben zudem noch Misserfolge, weil sie sich davon leiten lassen.

Übung

Gegen ungünstige Gedanken hilft folgende Übung:

1. Überlegen Sie, welche Denkweisen Sie in Zukunft stoppen wollen.
2. Entscheiden Sie sich für Ihre neue Denkweise. Zu obigem Beispiel: „Ich probiere es einfach mal."
3. Stoppen Sie den alten Gedanken jedes Mal, wenn Sie ihn in gewohnter Weise denken. Lassen Sie ihn einfach nicht weiter in Ihrem Gehirn aktiv sein. Um den Gedanken abzubrechen, hilft das Wort „Stopp".
4. Sagen Sie sich selbst ganz laut „Stopp!" und sprechen Sie danach Ihre gewünschten neuen Gedanken laut aus.
5. Wiederholen Sie dies immer wieder, wenn ein alter, ungünstiger Gedanke auftaucht.
6. Wenn Sie diese Übung oft genug wiederholen, setzt sich der neue Gedanke automatisch in Ihrem Kopf fest.

Das 7-Schritte-Ent-ärger-Programm

1. Ärgern Sie sich – aber bitte kurz. Schalten Sie sofort wieder die Alarmanlage Ärger aus.

2. Schalten Sie Ihre S-Sprache mit einem Beruhigungssatz ein (siehe Seite 43).
3. Schalten Sie Ihre linke Gehirnhälfte ein, um genau zu erkennen, wie die Situation ist.
4. Machen Sie sich mit der Weil-Fragetechnik ans Verstehen (siehe Seite 31).
5. Stoppen Sie Ihren Ärger durch ein gedankliches Stopp-Schild (Sagen Sie sich laut: „Stopp!“).
6. Geben Sie sich eine Chance, neu zu lernen. Unterstützen Sie sich mit Ihrer S-Sprache.
7. Formulieren Sie Ihre Kritik – natürlich in sauberer I-Sprache – und bereiten Sie sich auf ein Gespräch vor.

Ärger ist ein negatives Gefühl, das allen Menschen als Alarmanlage für Krisensituationen angeboren ist. Die Gründe für den Ärger sind hingegen erlernt und bei jedem individuell verschieden. Lernen Sie, sich schnell zu ent-ärgern, um Konflikte konstruktiv zu lösen.

5.5 Drei Möglichkeiten zur Konfliktlösung

Auf den vorangegangenen Seiten haben Sie viele Informationen erhalten, wie Sie Konflikte erkennen und wie Sie mit ihnen umgehen. Jetzt ist Handeln angesagt. Ein ungelöster Konflikt wirkt wie eine chronische Krankheit, Sie fühlen sich nie mehr ganz gesund. Gewöhnen Sie sich nicht an dieses Unwohlsein. Denken Sie daran: Konflikte sind zum Lösen da, und jeder ungelöste Konflikt hat mindestens eine Lösung!

1. Das partnerschaftliche Konfliktlösegespräch
Hierbei steht die gemeinsame Konfliktlösung im Vordergrund. Eine der beiden Konfliktparteien bittet um ein Gespräch. Beide gehen vorbereitet und ent-ärgert in das Gespräch, jeder formuliert seine saubere Kritik, die dann zu einer Vereinbarung führt, das Störverhalten zu unterlassen und an diese Stelle neues Verhalten zu setzen. Bei dieser Lösung gehen beide Partner als Gewinner aus dem Gespräch. Das partnerschaftliche Konfliktlösegespräch ist damit der Königsweg der Konfliktlösung. In der folgenden Abbildung sehen Sie das gesamte Konfliktlösegespräch mit Vorbereitung, Durchführung und Nacharbeit auf einen Blick.

2. Verändern Sie Ihre Einstellung
Bei diesem Weg geht es um Ihre einseitige Einstellungsveränderung. Sie können diese Variante unterschiedlich einsetzen. Möglicherweise haben Sie nach Ihrer Ent-Ärgerung gemerkt, dass Sie zu empfindlich reagiert haben. Ihr Konflikt erscheint Ihnen in einem neuen Licht. Damit haben Sie durch Ihre Einstellungsveränderung Ihren Konflikt gelöst!
Die andere Variante der Einstellungsveränderung ist schwieriger. Sie haben das Gespräch geführt, aber Ihr Partner geht nicht darauf ein, obwohl Sie sauber sprechen und ihm Lösungsangebote machen. Natürlich sollen Sie um weitere Gespräche bitten. Doch alles hat ein Ende – auch die Angebote zu Konfliktlösungen. Ändern Sie Ihre Einstellung, sagen Sie sich in Ihrer S-Sprache: „Ich habe es mehrmals versucht, ich stelle mich jetzt darauf ein, das Störverhalten zu übergehen. Und ich ärgere mich nicht mehr!"

Das Konfliktlösegespräch

1. **Vorbereitung**
   - Analyse
   - Fakten
   - SMM
   - Persönliche Bewertung
   - Konfliktpartner kennen lernen
   - Ziele definieren
   - Mittel definieren
2. **Das Gespräch**
   - Konflikt mitteilen (I-Sprache)
   - Ziele mitteilen (I-Sprache)
   - Nach Sicht des Konfliktpartners fragen (A-Sprache)
   - Nach Zielen des Partners fragen (A-Sprache)
   - Sich stets selbst sicher/mutig machen (S-Sprache)
   - Zielvereinbarungen treffen
   - Mitteilen, wie man sich fühlt (I-Sprache)
   - Den Partner fragen, wie das Gespräch für ihn verlief (A-Sprache)
   - Abschluss: sich bedanken, verabschieden (I-Sprache)
3. **Nachbereitung (S-Sprache)**
   - Sich überlegen: Was lief gut?
   - Mit SMM Zufriedenheit messen
   - Den Einsatz von Verhaltenswerkzeugen rekapitulieren
   - Verbesserungsvorschläge für nächstes Gespräch notieren
   - Sich loben

Hier brauchen Sie unbedingt das gedankliche Stopp-Schild (siehe Seite 72). Teilen Sie dem Störenfried mit, dass Sie sein Konfliktspiel durch Verweigerung beenden. Wichtig ist, dass Sie sich für Ihre Lösungsangebote loben.

3. Trennen Sie sich von der Konfliktquelle
Wählen Sie diesen dritten Weg immer dann, wenn der Konflikt für Sie unerträglich geworden ist. Doch weggehen ist leichter gesagt als getan. Allerdings lohnt es sich nicht, krank zu werden oder für den Rest des Lebens unglücklich zu sein. Auch hier müssen Sie mit dem Stopp-Schild Ihre Entscheidung stärken.

In Ihrem Konfliktlöse-Handwerkskoffer sind folgende Werkzeuge wichtig:

- *Sprechen Sie in einer sauberen Kritiksprache.*
- *Reagieren Sie sauber, auch wenn Sie schmutzige Kritik entgegengebracht bekommen.*
- *Trainieren Sie sich zu einem aktiven Zuhörer.*
- *Messen Sie Ihre Konflikte und Ihre Gefühle mit dem sozialen Metermaß.*
- *Gehen Sie immer ent-ärgert in ein Gespräch.*
- *Nutzen Sie die drei Möglichkeiten der Konfliktlösung: Klären Sie den Konflikt in einem partnerschaftlichen Gespräch, verändern Sie gegebenenfalls Ihre Einstellung oder trennen Sie sich von der Konfliktquelle.*

Weiterführende Literatur

- Adriani/Schwalb/Wetz: Hurra, ein Problem! 2., überarb. Aufl. Wiesbaden 1995
- Berckhan: Die etwas intelligentere Art, sich gegen dumme Sprüche zu wehren. München 1998
- Frey/Kümbel: Als Frau Führungspersönlichkeit entwickeln. Mannheim 1993 (Zu beziehen über IFF Institut zur Förderung von Führungskompetenz, Ruchheimer Straße 17, 67136 Fußgönheim)
- Orsborn: Wie würde es Konfuzius anstellen, eine Gehaltserhöhung zu bekommen? 1. Aufl. Freiburg i. Br. 1996
- Rogers: Frei reden ohne Angst und Lampenfieber. Frankfurt/M., Berlin 1996
- Schulz von Thun: Miteinander reden. Reinbek bei Hamburg 1981
- Schulz von Thun: Miteinander reden 3. Reinbek bei Hamburg 1998
- Voltz: Dialoge mit Sokrates. Zürich, Düsseldorf 1996

Register

Zu diesem Themenkreis sind bereits erschienen:

Antony Fedrigotti: **30 Minuten für erfolgreiche Stressbewältigung**

ISBN 3-89749-037-4

Reinhard K. Sprenger: **30 Minuten für mehr Motivation**

ISBN 3-89749-030-7

Elizabeth Tierney: **30 Minuten für erfolgreiche Kommunikation**

ISBN 3-930799-83-9

Lothar J. Seiwert: **30 Minuten für optimales Zeitmanagement**

ISBN 3-930799-86-3

C. Cooper/ V. Sutherland: **30 Minuten für den Umgang mit schwierigen Kollegen**

ISBN 3-930799-90-1

Jeder Band:
DM 9,80 / öS 72 / sFr 9,80

Fragen Sie in Ihrer Buchhandlung nach weiteren Bänden dieser Reihe oder fordern Sie einen Verlagsprospekt an:

GABAL Verlag
Schumannstraße 161, 63069 Offenbach
Tel.: 0 69/84 00 03 - 13; Fax: 0 69/84 00 03 - 40